Dans les coulisses...

Une collection
dirigée par Serge GUÉRIN

*Dans les coulisses... est une collection de documents qui cherche
à décrire le dessous des cartes concernant l'actualité économique
ou un secteur spécifique et médiatique.*

Collection dirigée par Serge Guérin (serguerin@yahoo.fr)
Professeur associé en sciences de la communication à
l'Université Lyon II, il dirige la rédaction de plusieurs
magazines spécialisés. Il est l'auteur du livre
Le grand retour des seniors, Eyrolles Société 2002.

Brice MOULIN

SPORT, FRIC & STRASS

Dans les coulisses du sport business

EYROLLES

société

Éditions d'Organisation
Eyrolles
1, rue Thénard
75240 Paris Cedex 05
Consultez notre site :
www.editions-organisation.com

CHEZ LE MÊME EDITEUR

Cristina Lunghi, *Et si les femmes réinventaient le travail*

Serge Guérin, *Le grand retour des seniors*

Hervé Sérieyx, *Les jeunes et l'entreprise : des noces ambiguës*

Hervé Azoulay, *L'entreprise solidaire*

Catherine Becker, *Du Ricard dans mon Coca*

Nicolas Riou, *Pub fiction*

Olivier Postel-Vinay, *Le grand gâchis, splendeur et misère de la science française*

SOMMAIRE

Si les athlètes sont toujours prêts à aller « plus loin, plus haut, plus fort », plus question cependant pour eux de transpirer idiot… D'abord nécessité militaire, puis simple loisir, c'est en devenant un spectacle que le sport est parvenu à être très payant pour son élite. Un monde de "pros", entré dans l'ère industrielle par la grâce de la télévision, et pour lequel l'effort n'a plus rien de gratuit.

Les performances des sportifs ne se mesurent plus seulement à l'aide d'une toise ou d'un chronomètre, mais aussi à l'aune de leur compte en banque, du Dow Jones ou du CAC 40. Autant d'indices qui permettent de mieux évaluer le fossé séparant encore les Américains du reste du monde, et ceux qui sourient aux caméras des autres…

CHAPÌTRE 5

Les enchaînés de la télé   109

*Sans elles, le sport business n'existerait même pas... Car si les télévisions dépensent des for-
tunes en droits de retransmissions, elles donnent surtout à un athlète et à une discipline la visibilité sans laquelle ils ne pourraient jamais attirer de sponsors. L'ennui, c'est que les écrans
sont désormais saturés, et les téléspectateurs blasés. Du coup, les responsables de chaînes ne
veulent plus casser leur tirelire pour diffuser n'importe quoi. Alors, pour les clubs et les fédérations, le temps des vaches maigres est sans doute venu...*

Sites web

Ces quelques sites vous permettront de suivre au jour le jour l'évolution d'un sport business, dont les us et coutumes ne cessent de changer. À noter que Yahoo Sport vous offre une palette de liens avec de nombreux sites dédiés à chaque discipline.

www.sport24.com
www.lequipe.fr
www.football365.fr
www.sporever.fr
www.yahoo.fr

Légende des pictogrammes

Discipline de l'athlétisme

Discipline du base-ball

Discipline du basket-ball

Discipline de la boxe

Discipline du cyclisme

Discipline du football

Discipline du football américain

Discipline de la Formule 1

Discipline du golf

Discipline du hockey sur glace

Discipline du judo

Discipline du rugby

Discipline du tennis

Introduction

Les médailles sont d'or, mais les victoires sont d'argent... Si, pour les spectateurs comme pour les athlètes, le sport reste avant tout un jeu, ce n'est sûrement pas un jeu à somme nulle. Certains s'en plaignent, en appellent aux mannes du baron PIERRE DE COUBERTIN, et répètent à l'envie que : « L'important, c'est de participer ». D'autres affirment au contraire que toute sueur mérite salaire, et que l'effort des champions n'a aucune raison d'être gratuit. Quant aux observateurs, aussi neutres que possible, ils se bornent à constater, sans juger l'évidence, que le sport est devenu un spectacle, sans doute le plus populaire qui soit, et qu'il remplit les stades comme les caisses. Et surtout qu'il réunit des dizaines de millions de téléspectateurs devant leurs postes, lors de ses grands-messes planétaires. Une certitude qui fait désormais vivre une foule d'intermédiaires, agents, sponsors, équipementiers, roi du marketing et princes du petit écran. Une cour des miracles mais aussi des désastres, comme le prouvent la faillite récente du groupe allemand KirchMedia et les déboires judiciaires de l'Olympique de Marseille, qui se retrouve plus souvent dans les pages "Faits divers" qu'à la rubrique "Sport" des quotidiens... Le sport business n'est en fait ni plus propre ni plus sale qu'un autre. On a seulement tendance à le regarder avec les yeux d'un gamin ou ceux d'un moraliste, pour qui cet univers est censé incarner la pureté... Mais pour bien le comprendre, il faut le considérer comme n'importe quelle autre activité économique, avec ses acteurs qui se battent pour se tailler la meilleure part d'un gâteau de plus en plus copieux. Et, comme tous les "business", il évolue aussi vite qu'un sprinter. Un sprinter que, dans le présent ouvrage, nous nous sommes efforcés de figer pour vous...

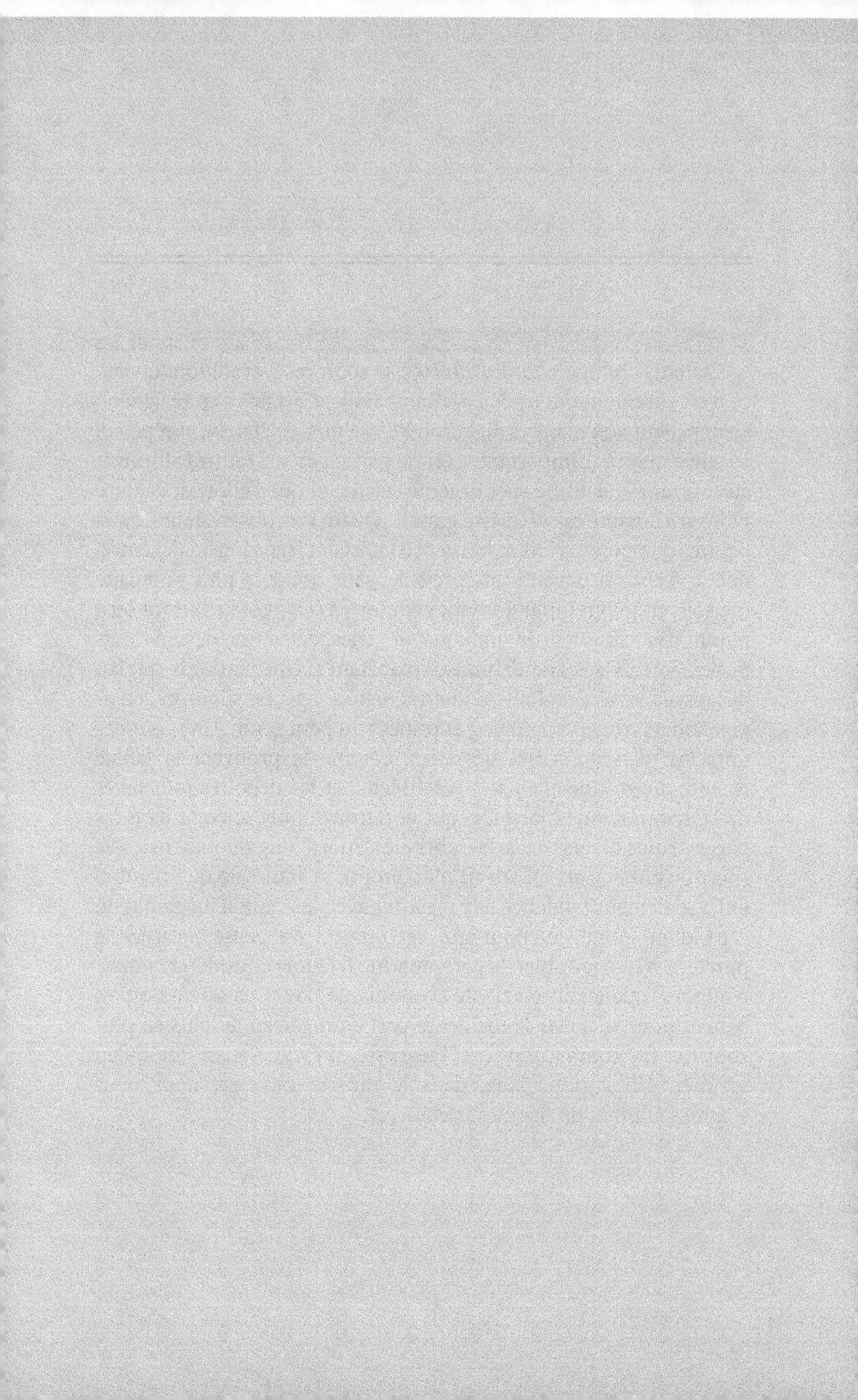

CHAPITRE 1

La ruée vers l'or

Si les athlètes sont toujours prêts à aller « plus loin, plus haut, plus fort », plus question cependant pour eux de transpirer idiot... D'abord nécessité militaire, puis simple loisir, c'est en devenant un spectacle que le sport est parvenu à être très payant pour son élite. Un monde de "pros", entré dans l'ère industrielle par la grâce de la télévision, et pour lequel l'effort n'a plus rien de gratuit.

1. Rappel : les lauriers d'Olympie...

Le salaire de la sueur est-il légitime ? Pendant longtemps, la question ne s'est même pas posée.

Le sport était, et devait rester, un simple loisir ou bien une affaire de survie. Mais, en aucun cas, un métier.

Certes, il permettait parfois d'accomplir des prodiges. Ainsi, dans l'Antiquité grecque, pendant toute la durée des Jeux Olympiques, une trêve militaire était respectée. Les seuls combats admis étaient alors ceux livrés dans le champ clos du stade, des batailles dont les vaincus se relevaient indemnes. Mais, à cette époque, les efforts étaient gratuits. Lutteurs, coureurs et lanceurs ne s'affrontaient que pour la gloire... Un principe qui resta de règle pendant des siècles. Bien sûr, quelques disciplines permettaient à leurs champions de gagner leur vie. Dans l'armée, cavaliers, escrimeurs, tireurs à l'arc, marins pouvaient bien exceller dans leur art : quand ils entraient en compétition, c'était pour sauver leur peau.

L'activité physique était rarement un jeu, malgré les notables exceptions des joutes et des tournois chevaleresques... Des épreuves qui, déjà, attiraient les foules. Le sport avait ses acteurs et ses spectateurs, ses fans et ses vedettes... L'identification entre athlètes et supporters jouait à fond. Ainsi, en Toscane, le Palio, la plus impitoyable des courses de chevaux, qui se déroule, encore aujourd'hui, sur la Piazza del Campo à Sienne, drainait les habitants des "*contrades*", des quartiers dont les couleurs étaient défendues, au péril de leur vie, par leurs champions, ancêtres des jockeys. Quant au Calcio, discipline dont la violence ferait passer le rugby d'aujourd'hui pour un simple pelotage mondain, il donne lieu, depuis plus de 400 ans, à des parties sanglantes et acharnées, entre des colosses aux tenues médié-vales, hauts de chausse et culotte bouffante, venus faire briller, devant un parterre de touristes, la bannière de leur paroisse. Car ce combat pour un ballon, censé fêter l'anniversaire d'une lointaine victoire sur les Turcs assiégeant la cité des Médicis, était surtout, du moins à l'origine, une querelle de clochers… Et les premiers suppor-ters, qui liaient leur destin à celui de leurs héros, vivant leurs exploits par procuration, étaient des pionniers pour tous ceux qui s'arrachent de nos jours les écharpes et les maillots de leur club. Quand ils ne s'affrontent pas, entre tribus, à la sortie des stades…

Tous les ingrédients étaient déjà réunis pour attirer des hommes d'affaires, flairant là l'occasion de capitaliser sur le succès de ces épreuves.

| zoom 1 | **Des jeux à la grecque**

Selon la légende, l'histoire des Jeux commence au IXe siècle avant J.C., lorsque le Roi IPHITOS, souverain de l'Élide, consulte la pythie de Delphes, ancêtre des voyantes, et lui demande comment épargner la guerre à son peuple. Cette dernière lui recommande alors de rétablir, en hommage aux dieux, une épreuve qui aurait existé, déjà, 500 ans plus tôt. Du coup, LYCURGUE, roi de Sparte, reconnut la neutralité de l'Élide, et tous les autres États déposèrent les armes pendant la durée des Jeux, dont la première édition eut lieu en 884 avant J.C., sur le site d'Olympie,

au Nord du Péloponnèse, qui était alors un sanctuaire dédié à ZEUS et à son épouse HERA. Ces J.O., qui avaient lieu tous les 4 ans, ne duraient qu'une journée, et les athlètes évoluaient entre le gymnase, la palestre (salle de lutte), l'hippodrome et le stade. Ce dernier mesurait 197,27 m, soit, au moins en théorie, 600 fois le pied d'HÉRACLÈS, qui en traça l'enceinte. Le succès fut tel que de Sparte à Nemée, d'autres cités hellènes organisèrent leurs Jeux.

À l'origine, les vainqueurs ne recevaient pour récompense qu'une couronne de lauriers, mais leur

5

renommée était telle que, bientôt, les cités leur offraient de l'argent pour s'attacher leurs services, et ils devinrent les premiers sportifs professionnels.

Du coup, certaines épreuves donnaient lieu à des batailles sans merci. Plusieurs conducteurs trouvaient la mort dans les courses de char, renversés par un adversaire. Ce déclin des Jeux, amorcé dès le Ve siècle avant J.C., ne fit que s'accentuer avec l'arrivée des Romains en Grèce, en 146 avant J.C. NÉRON remporta ainsi la course de char, sans même la terminer, et surtout sans concurrent ; personne n'ayant osé défier l'empereur. Aux 13 épreuves classiques s'ajoutèrent des compétitions nettement plus contestables, comme le combat de gladiateurs. Bref, l'idéal des Jeux était mort bien avant que l'empereur THÉODOSE Ier ne décide de les interdire en 394 après J.C.

2. Le sport est un spectacle dont même les acteurs ignorent le dénouement

Mais comment expliquer que des centaines de millions de personnes se mobilisent devant un écran, pour regarder une course ou un match qui ne les concerne pas toujours directement ? Autrement dit, qu'est-ce qui peut bien faire la supériorité du spectacle sportif, par rapport à ses concurrents directs ? La réponse la plus pertinente a sans doute été émise, dans les colonnes de *L'Équipe Magazine* [1], par un expert en matière de mise en scène, le cinéaste américain WOODY ALLEN : « *Lorsque vous allez au théâtre, vous vous laissez porter, mais vous savez pertinemment où l'histoire va vous emmener, explique-t-il. La*

---

1. En date du 1er décembre 2001.

plupart du temps, vous avez même des chances de vous endormir. Mais lorsque vous vous rendez au Madison Square Garden, pour aller voir jouer les Knicks de New York (l'équipe de basket-ball locale), la proportion est inverse. Bien sûr, les matches peuvent parfois être ennuyeux, mais vous êtes incapable d'en prévoir les rebondissements… *Tous les metteurs en scène voudraient tendre vers ça…* ». Fondu de sport (jusqu'à l'âge de seize ans, cet excellent joueur de base-ball a même envisagé une carrière chez les pros), le réalisateur de *Manhattan* va même plus loin : « *Le sport offre un champ de valeur infini, il résume la vie… ».*

Parce qu'il déploie tout l'éventail des sentiments, et peut vous faire passer, en quelques instants, de l'abattement au bonheur, de l'ivresse au dégrisement, ce spectacle reste sans égal pour tous ceux qui veulent bien se laisser gagner par leurs émotions… et celles de leur héros.

Il suffit pour s'en persuader de voir la mine des joueurs italiens après le but égalisateur et inespéré de SYLVAIN WILTORD, à la dernière seconde des arrêts de jeu de l'Eurofoot 2000, remporté par les Bleus. À genoux, la tête basse, ils semblaient faire le deuil de leurs espoirs.

3. Grâce à l'enthousiasme du public, de simple loisir, il est devenu un métier

Guerre sans cadavre, sublimé par sa "glorieuse incertitude", le spectacle sportif attirait des foules bien avant de vider les rues pour mieux rassembler les téléspectateurs. Pour certains, c'était aussi, déjà, une affaire d'argent. Dans les arrière-cours des tavernes britanniques, au XVIIIe et XIXe siècles, les fans étaient aussi des parieurs, misant toutes leurs économies sur le punch d'un boxeur. Et les combats avaient beau être alors, officiellement, interdits, la police fermait les yeux.

Mais c'est avec l'Angleterre victorienne qu'apparaissent deux nouvelles races d'athlètes, imprégnés de principes radicalement opposés. D'un côté, l'on trouve l'aristocrate, formé, voire déformé, par les *"Public Schools"* british, voie royale conduisant jusqu'à Oxford et Cambridge. Un univers où l'on vous trempe le caractère sur les terrains de rugby et dans les galères d'un "huit" d'aviron, histoire de parfaire esprit de corps et esprit de caste. Un domaine où il serait, bien sûr, indécent d'oser parler d'argent. Le film de HUGH HUDSON, *Les chariots de feu*, dépeint assez bien l'atmosphère de cette monade réactionnaire, avec ses préjugés, notamment dans la scène où le recteur du *Trinity College* convoque HAROLD ABRAHAMS (le champion olympique du 100 m à Paris en 1924, interprété par BEN CROSS), coupable à ses yeux d'avoir un entraîneur pro, SAM MUSSABINI, mais aussi d'être Juif... Mais, à côté de cette "élite", les premiers sportifs du dimanche pointent le bout de leurs crampons. Ce sont des ouvriers qui passent leurs semaines entre les cheminées d'usine de Liverpool, Manchester, Birmingham ou Glasgow et qui, quand leur patron leur fait grâce d'une journée de congé, l'occupent en tapant dans un ballon. Une mode qui traverse même la Manche, puisque le

8

premier club de football français, le Havre Athlétique Club (HAC), est fondé en 1872… Un monde où, petit à petit, l'idée de professionnalisme gagne du terrain. Cette "lutte des classes" va devenir encore plus évidente avec la renaissance des Jeux Olympiques, à Athènes en 1896.

| zoom 2 | Le baron PIERRE DE COUBERTIN RESSUSCITE LES J.O. EN 1896

Il aura fallu 4 ans au baron PIERRE DE COUBERTIN pour réussir son grand dessein : ressusciter les Jeux Olympiques. Un projet lancé en 1892 à La Sorbonne et qui se concrétisa en avril 1896, avec la cérémonie d'ouverture des premiers J.O. de l'ère moderne, à Athènes, devant 50 000 spectateurs. La Grèce voulut les garder pour elle mais, au nom de leur universalité, le baron décida d'en faire une épreuve itinérante… En 1936, sport et propagande se croisèrent pour la première fois dans le stade olympique de Berlin, où HITLER et les dignitaires nazis prirent place pour assister au succès des bons aryens, mais durent récompenser le sprinter Noir américain JESSE OWENS, sans doute le plus grand athlète de tous les temps. La suite de l'histoire est plus connue. Le développement du mouvement olympique, malgré les boycotts de 1980 et 1984 : si seuls 14 pays étaient présents à Athènes, ils sont aujourd'hui près de 200. Et l'argent qui coule désormais à flots dans les caisses du Comité international Olympique (CIO) grâce à la télévision, le montant des droits ayant été multiplié par 2000 depuis 1968, pour atteindre la bagatelle de 705 millions de dollars.

Sous l'égide du baron PIERRE DE COUBERTIN, qui ressuscite les J.O. en 1896, le triptyque "boulot, sport, dodo" reste de rigueur, et malheur à celui qui voudrait toucher les royalties de sa gloire.

L'Américain JIM THORPE fut le premier à en faire la triste expérience… Indien et pauvre, ce qui, plus encore à l'époque, relevait du pléonasme, cet athlète d'exception avait eu le mauvais goût de monnayer ses talents de joueur de base-ball, juste avant de triompher sur la piste de Stockholm, en 1912, où il remporta les titres olympiques du pentathlon et du décathlon. À son retour au pays,

THORPE devient un exemple d'intégration dans une nation qui n'a pas toujours été tendre pour son peuple. Il a même droit à une grande parade dans les rues de New York. Mais, un an après son triomphe, il reçoit un courrier d'un certain ROY JOHNSON, indiquant que l'on savait qu'il avait été payé pour jouer. Et, toujours en 1913, il perd son statut amateur ainsi que ses médailles, malgré son courrier d'excuse adressé à l'Union du Sport Amateur, expliquant qu'il n'était, *« qu'un simple indien et ignorait qu'il ne pouvait pas être payé… »*. De fait, THORPE avait reçu deux dollars par match en 1910, pour jouer à Rocky Mountain, dans la ligue de Caroline. Blessé par cette déchéance injuste, il entame malgré tout, en 1920, à 32 ans, une seconde carrière de footballeur, devenant même le premier président de l'Association américaine de football professionnel, ancêtre de la NFL [1] *(National Football League)*, et gagnant… 250 dollars par match. Mais ce n'est qu'en 1982, trente ans après sa mort, que ses médailles d'or lui furent rendues, bien trop tard, par le CIO…

Pourtant, quelques années avant cette réhabilitation posthume, un autre athlète avait été victime de l'intransigeance des plus hautes instances sportives. GUY DRUT, champion olympique du 110 m haies en 1976 à Montréal, a lui aussi été banni de toute compétition pour avoir touché de l'argent dans l'exercice de ses talents… Reconverti au décathlon, le *hurdler* [2] tricolore a dû mettre un terme prématuré à sa carrière. Ironie du sort, après avoir été ensuite ministre des Sports de 1995 à 1997, l'ancien champion est aujourd'hui membre du CIO. À l'époque de sa condamnation, toute l'hypocrisie du système apparaît encore bien plus clairement qu'au début du siècle. Si l'Irlandais LORD KILLANIN, patron du Comité international olympique, joue encore au "père la vertu", et si l'IAAF *(International Amateur Athletic Federation)* refuse de voir la vérité en face, plus personne ne croit vraiment que des sportifs de très haut niveau puissent décrocher des médailles en allant s'entraîner après leur journée de boulot.

Déjà, les nations du Bloc soviétique ont inventé l'athlète d'État qui mange, dort et surtout se soigne en ne pensant qu'à remporter des titres et défendre les vertus du "socialisme réel". Car, c'est pendant ces années 70 qu'apparaissent les nageuses est-allemandes, aussi imbattables qu'impressionnantes : avec leurs moustaches, leurs voix de ténor et leurs épaules de rugbymen, elles ont tout du beau jeune homme…

---

1. Les abréviations des sigles sont définies en fin d'ouvrage dans « L'index des sigles ».

---

2. Le *hurdler* : coureur de haies.

Face à ces bêtes de concours, les universités *made in USA* produisent aussi des champions boursiers, censés préparer des examens, mais qui passent dix fois plus de temps sur les terrains et dans les gymnases que dans les bibliothèques et les amphithéâtres. Bref, traiter d'amateurs les finalistes olympiques relève déjà de l'euphémisme… ou de la plus parfaite tartufferie. Mais cette fiction et la réalité du sport de haut niveau vont se rejoindre durant le règne de JUAN ANTONIO SAMARANCH, patron incontesté du CIO de 1980 jusqu'en 2001.

| zoom 3 | JUAN ANTONIO SAMARANCH, un marquis roi de l'Olympie

Pendant 20 ans, il a régné sans partage sur le petit monde de l'Olympisme. Président du Comité International Olympique (CIO), ce marquis (un titre qu'il déteste se voir rappeler), heureux patron de la banque catalane Caixa, a bousculé les habitudes de la vieille maison de Lausanne. Car si JUAN ANTONIO SAMARANCH, successeur de LORD KILLANIN en 1980, a pu survivre à deux boycotts successifs (celui des Jeux de Moscou par les Américains et certains de leurs alliés suite à l'entrée des troupes soviétiques en Afghanistan, et celui des Jeux de Los Angeles en 1984 par les nations du Bloc communiste), ce n'est pas seulement à ses dons de diplomate, exercés au temps du régime franquiste, qu'il le doit. Sa longévité, et son pouvoir incontesté (il avait même fini par être réélu par acclamation), provenaient surtout de ses talents de financier. C'est en effet lui qui a su remplir les caisses des Jeux, au bord de la faillite lorsqu'il prend leur destinée en mains. Grâce aux droits de télévision bien sûr, mais aussi aux sponsors, qui deviennent omniprésents, surtout avec le lancement, en 1988, du TOP (*The Olympic Program*) qui réunit en pool les partenaires des J.O. Résultat : le sponsoring, qui rapportait 100 millions de francs sur la période 1985-88, en aura rapporté 300 millions pendant les années 93-96. SAMARANCH

11

aura aussi été celui qui introduisit les sports professionnels, comme le tennis (réintroduit au programme à Barcelone en 92), et les joueurs pros, avec, la même année, l'arrivée de MICHAEL JORDAN et des millionnaires de la NBA dans le tournoi de basket-ball.

Ce grand banquier d'affaires catalan sait compter. Et pour remplir les caisses des JO, toujours déficitaires, il se met en tête d'attirer les athlètes les plus populaires. Le tennis, avec ses joueurs millionnaires, fait son entrée aux Jeux de Barcelone en 1992, en même que la "Dream Team" des basketteurs américains de la NBA (*National Basket-ball Association*), emmenés par le charismatique meneur de jeu des Lakers de Los Angeles, "MAGIC JOHNSON". Les footballeurs professionnels sont aussi de la partie, et le tournoi olympique a désormais des allures de "mini Mondial". Même les athlètes ne font plus semblant de croire au fameux slogan du baron PIERRE DE COUBERTIN : « *L'important, c'est de participer...* ». Ainsi, l'Américain MICHAEL JOHNSON, le héros des J.O. d'Atlanta en 1996, double recordman du monde et vainqueur des 200 et 400 m sur le tartan[1] géorgien, pouvait réclamer, après son exploit, jusqu'à 40 000 dollars par meeting. Ce qui faisait vraiment de lui un amateur éclairé... Et plus personne ne s'interdit de se faire chèrement payer par ses sponsors. Une évolution qui a ses inconvénients. D'une part, dans des disciplines comme le tennis, qui ont déjà leurs grands rendez-vous, un tournoi olympique n'intéresse pas grand monde. Autre danger, bien plus grave, et qui menace d'ailleurs désormais tous les événements majeurs : même si des organisateurs prennent en flagrant délit de dopage l'un des héros olympiques, rendront-ils sa faute publique, au risque de dévaluer ses exploits ?

Cette question se pose aujourd'hui, dans les mêmes termes, pour tous les sports non olympiques qui ont, bien plus tôt, opté pour un professionnalisme avoué et de plus en plus lucratif. Même si ce choix

---

1. Le tartan : revêtement des pistes d'athlétisme.

n'a pas toujours été facile à imposer, il a le plus souvent vu le jour dès la fin du XIXe siècle, lorsque les différentes disciplines, de mieux en mieux organisées, ont pu donner lieu à des épreuves populaires. Les acteurs ont, dès lors, réclamé leur part du gâteau, même s'ils étaient bien moins servis qu'aujourd'hui.

4. La longue marche vers le professionnalisme

Dans le cas des boxeurs, précurseurs en la matière, le professionnalisme s'est imposé tout naturellement. Car certains pugilistes ont pu gagner leur vie à la force de leurs poings dès le XVIIIe siècle. Un dénommé JAMES FIGG, terreur de la célèbre académie de Tottenham, à Londres, s'était même proclamé champion du monde de la discipline dès 1719, avant de prendre sa retraite, invaincu. Son élève, BROUGHTON, publiera en 1743 les *"Ring Rules"*, ébauche de règlement dans un sport où tous les coups (ou presque) étaient alors permis. Les combattants ne portaient pas de gants, il n'existait pas de catégories de poids, ni de durée définie pour des affrontements qui pouvaient s'éterniser. Certains durèrent même plus de 6 heures, jusqu'à ce que le vaincu, épuisé, ne s'écroule sur le ring ! Il faut attendre 1867 pour que JOHN CHAMBERS, sous le haut patronage du MARQUIS DE QUEENSBURY, invente la boxe moderne, introduisant notamment les rounds de 3 minutes et l'usage des gants. Déjà, à l'époque, les grandes affiches attirent des milliers de spectateurs. Et ce succès va bien sûr grandir avec les rencontres entre Européens et Américains. Ainsi, pour le "match du siècle" DEMPSEY-CARPENTIER, en 1922, plus de 80 000 personnes se pressèrent au Madison Square Garden de New York, pour assister au triomphe du poids lourd américain. C'est aussi pendant l'Entre-deux-guerres que se révèle JOE LOUIS, un Noir américain qui défendra à 25 reprises son titre mondial des poids lourds entre 1937 et 1949. Un record qui tient toujours… Mais, comme beaucoup de ses confrères d'alors, ce boxeur d'exception ne goûtera pas une retraite heureuse. Mal entouré, ruiné, le champion a fini sa vie comme portier devant un casino de Las Vegas… Pourtant, si les sportifs sont souvent, dans l'affaire, les dindons de la farce, leur discipline attise bien des convoitises. Avec les années, le nombre de catégories et de fédérations internationales ne cesse d'augmenter… À la WBA (*World Boxing Association*) s'ajoute, en 1964, la WBC (*World Boxing Council*), fondée par le Mexicain JOSÉ SULEIMAN. En 1983, c'est au tour de l'IBF (*International Boxing Federation*), puis en 1988 naît la WBO (*World Boxing Organisation*), née, elle aussi, d'une querelle de pouvoir au sein de la WBA. Pendant ce temps, apparaissent trois nouvelles catégories : mi-mouches, super coqs et pailles… Résultat : on se retrouve aujourd'hui avec la bagatelle de 68 champions du monde (17 catégories et 4 fédérations). Une inflation de titres qui nuit bien sûr à la crédibilité de ce sport. Et, comme si cela ne suffisait pas, la boxe reste toujours associée à la Mafia, qui historiquement contrôle les paris clandestins sur les combats. Comme par hasard, Las Vegas (Nevada), paradis des casinos, est aussi l'incontestable capitale de la boxe internationale… Mais, malgré tout, les puncheurs[1] ne sont pas à plaindre. Les bourses atteignent des sommes astronomiques. À titre d'exemple, l'ancien champion du monde des lourds EVANDER HOLYFIELD, 39 ans, a touché plus de 140 millions de dollars au cours de sa carrière…

Les footballeurs ne sont pas non plus mal lotis, même s'ils ont dû attendre que les règles de leur sport soient clairement définies avant de pouvoir faire de leur passion un métier. Car si les jeux de balle au pied remontent à l'Antiquité, du "Tsu'chu" chinois à "L'Harpastum" romain, il a fallu attendre 1848 et les "*Cambridge Rules*" pour que les premières règles soient édictées. Auparavant, toutes les variantes locales et nationales étaient autorisées. Dimen-

---

1. Le puncheur : boxeur qui a le punch.

sions du terrain, nombre de joueurs et coups défendus étaient laissés à l'appréciation des participants. La violence était telle qu'au XIVe siècle, le football fut interdit en Angleterre, tout comme la "soule"[1] en France. Avec les siècles, ce jeu avait certes fini par devenir plus "respectable", mais, d'une ville à l'autre, la forme du ballon changeait, ou encore l'usage des mains était interdit dans l'une et permis dans l'autre. Pour en finir avec cette anarchie si peu "british", les représentants de onze clubs se réunirent à la *Freemason's Tavern* de Londres. Et c'est là que, le 26 octobre 1863, se produit le schisme entre footballeurs et rugbymen. La *Football Association* (FA) était née, et, avec elle, un vrai championnat, attirant la foule dans les stades. Assez pour que les meilleurs joueurs puissent réclamer de l'argent. En 1879, JOHN LOVE et FERGUS SUTER, deux Écossais évoluant sous les couleurs de Darwin, un petit club du Lancashire, deviennent les premiers pros de l'histoire du foot. Et, grâce à eux, leur équipe ne s'incline qu'au troisième match face aux étudiants des Old Etonians, alors réputés invincibles. Un résultat qui donne des idées aux autres : la contagion de l'exemple gagne si vite que la FA est bien forcée de légaliser le professionnalisme dès 1885. Ce nouveau sport ne tarde pas à faire des adeptes Outre-Manche. Le Havre Athlétique Club (HAC), premier club français, naît dès 1872. Et lorsque la Fédération Internationale de Football Association (la FIFA) est fondée en 1904, à Paris, avec à sa tête le Français JULES RIMET, le foot est déjà pratiqué du Chili jusqu'en Finlande. Vingt-six ans plus tard, lorsque la FIFA créé la Coupe du monde, dont la première édition, disputée en Uruguay, est remportée par l'équipe locale, elle compte déjà 36 pays membres (contre 204 aujourd'hui). Un développement qui ne peut qu'aboutir à la création de championnats professionnels, comme ce sera le cas en France à partir de 1932, l'Olympique Lillois décrochant le premier titre national de cette nouvelle ère.

© Eyrolles Société

---

1. la "soule" ou choule, jeu inventé au moyen-âge.

Les quatre sports majeurs américains (base-ball, football américain, basket-ball et hockey sur glace), s'ils n'ont longtemps guère suscité d'intérêt hors des frontières des États-Unis, ont, en revanche, très vite opté pour le professionnalisme. Puisant dans un vivier universitaire sans équivalent dans le monde, ils se sont tous vite dotés d'une organisation parfaitement "capitaliste", et sont gérés comme des entreprises, alors qu'en France, par exemple, jusqu'à un passé très récent, ce sont des sociétés type loi de 1901 (à but non lucratif) qui géraient les millions des grands clubs de football... Autre point commun entre ces disciplines, cette structure leur a permis de négocier au mieux un virage essentiel : celui du passage sur le petit écran. Car, Outre-Atlantique, les droits TV ont représenté, dès les années 60, une véritable manne pour le sport business.

La plus ancienne de ces disciplines, le base-ball, héritière du cricket importé par les colons anglais, a été codifiée dès 1845 par un guichetier de banque, ALEXANDER CARTWRIGHT, qui donna notamment au terrain sa forme de diamant. Fondateur du Knickerboker Club, il organisa la première partie selon ses nouvelles règles, à l'*Elysean Field d'Hoboken* (New Jersey). Et la première équipe pro sera, en 1869, les Cincinnati Red Stockings, qui, pour leurs débuts, passent 45 points aux amateurs de Great Westerns. Dès le départ, des conflits sociaux se multiplient. En 1879, ARTHUR SODEN, patron de Boston, se plaint des salaires trop élevés, 2500 dollars à l'époque. Et, en 1889, à la suite d'un "clash" entre les propriétaires et les joueurs, ces derniers décident de créer une nouvelle ligue... Quant à l'épreuve qui passionne, encore aujourd'hui, tous les États-Unis, les World Series, elle voit le jour en 1903. Cette année-là, Pittsburgh (champion de la *National League*) et Boston (de l'*American League*)

s'affrontent au meilleur des neufs matches. Par la suite, les ligues pros de base-ball vont développer toutes les caractéristiques propres à la gestion du sport US. Dès le départ, les équipes, baptisées "franchises", sont considérées comme de véritables sociétés, avec des propriétaires qui se comportent en patrons et peuvent vendre leur club au plus offrant, ou encore s'installer sous d'autres cieux. Des départs parfois vécus comme un crève-cœur et une trahison, surtout lorsqu'une ville s'identifie à 100 % à son équipe, comme ce fut le cas de Brooklyn et de ses Dodgers, jusqu'à ce qu'ils déménagent pour Los Angeles en 1957, après soixante-huit années passées en face de Manhattan... Les ligues ont leur président, un *"commissioner"* (actuellement ALLAN H. BUD SELIG), qui fait office de PDG. Et, depuis les années 60, l'*American* et la *National League* ont connu une sérieuse crise de croissance. En effet, si le nombre d'équipes affiliées est resté le même de 1901 à 1960, il est, depuis, passé de 16 à 30, les derniers arrivés étant les Arizona Diamond Backs (vainqueurs des World Series 2001) et les Tampa Bay Devils.

Le football américain est aussi un business florissant, même si ses débuts ont été moins évidents. En effet, depuis la première rencontre officielle entre Rutgers et Princeton, en 1869, jusqu'à la création de l'*American Pro Football Association* (APFA), en 1920 (qui devait, deux ans plus tard, devenir l'actuelle NFL), cette variante ultra violente du rugby est restée, pour l'essentiel, un sport universitaire. Les pros existaient bien depuis 1895, mais, réservé à de petites villes de l'Est, ce sport n'attirait pas les vedettes du *"College Football"*. Les choses allaient changer dès les années 20, mais c'est bien plus tard encore, en 1967, que ce sport allait créer l'événement. Le champion NFL, GREEN BAY, bat 35-10 celui de l'AFL (*American Football League*), Kansas City. C'est le premier *Super Bowl*, le match de l'année, celui pendant lequel le prix de la seconde de pub et les chiffres de l'audimat battent tous les records (à titre d'exemple, un spot de 30 secondes pendant le *Super Bowl* a pu se négocier à 2,3 millions de dollars sur CBS, un chiffre à ce jour inégalé). Un succès immédiat qui aboutit très vite à une fusion, la NFL absorbant l'AFC (*American Football Council*) en 1970.

Le basket-ball, le plus jeune des sports US, a été inventé en 1891 par JAMES NAISMITH, un prof de gym de Springfield (Massachusetts) cherchant un jeu pour occuper ses élèves pendant la saison hivernale. Au début du siècle, les matches tournaient souvent mal : les bagarres sous les panneaux laissaient des traces, une cage séparait les joueurs du public pour éviter que les bagarres ne gagnent la foule, et certains arbitres, prudents, portaient sur eux un revolver... À l'époque, des équipes comme celles des Renaissance de Harlem ou les Celtics de New York partaient en tournée, développant ce nouveau jeu à travers tout le pays, et donnant la leçon à leurs adversaires. C'est grâce à ces premiers pros, improvisés missionnaires et VRP de leur discipline, que le basket est devenu populaire, jusqu'à ce que la naissance, en 1949, de la NBA (produit de la fusion entre la *National Basketball League* et la *Basketball Association of America*), ne lui donne sa structure moderne.

Le dernier des sports US ne l'est pas tout à fait. Le hockey sur glace pro serait plutôt nord-américain. C'est en effet à Montréal qu'un groupe d'étudiants de l'université de McGill se sont mis à pousser un palet sur une patinoire, à l'aide de longs bâtons de bois. La popularité de ce nouveau jeu est telle qu'en 1893, LORD STANLEY OF PRESTON, Gouverneur général britannique du Canada décide d'offrir un trophée au vainqueur du championnat national. Cette coupe d'argent récompense aujourd'hui le vainqueur de la NHL, la *National Hockey League*, fondée en 1920, qui ne comptait alors que 5 clubs canadiens. Mais, 6 ans plus tard, les Américains font une entrée en force, et en 1942, avec Boston, New York, Detroit et Chicago, ils ne laissent plus que deux places en NHL à leurs voisins canadiens. Et c'est, comme dans les autres disciplines, dans les années 60 qu'elle opère sa crise de croissance. Ainsi, depuis 1967, le nombre de franchises est passé de 6 à 27, avec, aux manettes, le *"commissioner"* GARY

BETTMANN. Un boom qui aura aussi permis de convertir des terres *a priori* peu concernées par le hockey, notamment la Californie (avec les Los Angeles Kings, les Anaheim Mighty Ducks et les San Jose Sharks), la Floride (avec les Florida Panthers) ou encore les déserts de l'Arizona (Phoenix Coyotes)... Bref, même si, avec les salaires somptuaires qui sont désormais de règle, les franchises du sport US ne sont pas toutes de bonnes affaires, les ligues qui les chapeautent se portent, elles, comme un charme, au pays du sport roi...

C'est de l'autre côté de l'Atlantique, dans les landes écossaises, qu'est née la plus sélecte des disciplines, dont les champions millionnaires jouent pour des parterres de millionnaires. Car, même si l'on retrouve chez le adeptes du jeu de mail[1], pratiqué en France dès le XVe siècle, ou encore chez les joueurs du Het Kolven néerlandais[2], des attitudes proches de celles des golfeurs, c'est bien du côté de Glasgow que l'on a inventé un élément tout de même essentiel à ce sport : le trou... Et les highlanders se sont mis très tôt à cet exercice de précision, puisque la première référence au golf remonte à 1457, lorsque le Roi JAMES II décide de... l'interdire, au même titre d'ailleurs que le football. Mais les passionnés ne rangent pas leurs clubs pour autant et, en mai 1754, établissent les premières règles écrites, à Saint-Andrews, dont le superbe parcours accueille aujourd'hui le British Open. Ce nouveau jeu pour gentlemen mettra ensuite un peu de temps à s'exporter, puisqu'il faudra attendre 1829 pour qu'un golf soit ouvert à Calcutta, et 1856 pour que soit inauguré à Pau le premier site du Vieux Continent... Quant aux premiers pas des professionnels sur le gazon des greens, ils remontent sans doute à 1895, lorsque dix joueurs sont venus disputer le premier US Open, à Newport. Les Britanniques exerçaient alors une domination sans partage sur la discipline, et les tournois manquaient un peu de suspense... Il fallut en fait attendre la tournée des Anglais HARRY

---

1. Le jeu de mail : voisin du croquet, en vogue en France au XVIIème et XIXème siècles.
2. Le Het Kolven néerlandais : ancienne version du golf.

© Eyrolles Société

VARDON et TED RAY, en 1913, pour que le golf fasse la une des journaux, lorsqu'un Américain de 20 ans, FRANCIS OULMET, réussit à battre les invincibles insulaires… Et le PGA (*Professionnal Golf Association*) tour s'ébauche dans les années 20, avec des tournois en Floride, au Texas, et sur la côte ouest des États-Unis. À l'époque, les primes distribuées s'élèvent déjà à 77000 dollars, somme assez rondelette… Mais c'est seulement dans les années 50 que le tour prend vraiment son essor. Quelques années plus tard, grâce notamment à la manne télévisuelle, l'argent coule à flots, et, en 1968, les joueurs prennent le pouvoir de ce qui s'appelait alors le "*Tournament Player Division*". C'est sous la présidence du commissionnaire DEANE R. BEAMAN que le PGA tour va connaître ses "vingt glorieuses" : de 1974 à 1993, son chiffre d'affaires passe de 3,9 à 229 millions de dollars… Et les joueurs deviennent encore plus riches que les membres des clubs où ils s'illustrent.

 Le tennis, autre sport professionnel majeur, a eu plus de mal à se défaire de son statut de discipline amateur. En effet, si certains tournois du fameux "Grand Chelem" sont plus que centenaires (la première édition de Wimbledon et de l'US Open remontent à 1877), les pros sont encore rares en 1930 lorsque BILL TILDEN, 37 ans, sans doute le plus grand champion de sa génération, décide de monter sa propre tournée. Il a raté sa reconversion en tant qu'acteur pour la MGM, et le moment semble mal choisi pour tenter l'aventure : la célèbre joueuse française SUZANNE LENGLEN vient de faire faillite avec un projet similaire. Pourtant, BILL prend la route et va jouer les missionnaires à travers les États-Unis, pour disputer 72 matches exhibition, un par soirée, dans des gymnases mal éclairés, les clubs de tennis refusant de l'accueillir. Et, selon un scénario immuable, après avoir renvoyé la balle à des amateurs, il affronte des seconds couteaux comme son ancien partenaire de double VINCENT RICHARDS ou le Français RAMPILLON. Lorsque la tournée fait étape à New York, plus de 13 000 personnes se pressent au Madison Square Garden… Et bientôt, des grands noms se joignent à cette troupe d'enfants de la balle : COCHET en 1934, PERRY en 1937 et BUDGE en

1939. Le dernier crack d'avant-guerre à passer pro n'est autre que l'Américain BOBBY RIGGS, en 1941. Un vainqueur de Wimbledon qui avait pour particularité de parier sur le résultat de ses propres rencontres, y compris sur ses futures défaites. Après 1945, sous l'impulsion d'un autre champion *made in USA*, JACK KRAMER, le tennis pro prend encore une autre dimension. Des joueurs aussi talentueux que PANCHO GONZALES et PANCHO SEGURA, puis, dans les années 60, la crème du tennis australien, de ROSEWALL à NEWCOMBE, se laissent séduire. Dès lors, l'avènement du tennis open semble inévitable, même si l'accouchement se fera dans la douleur. En effet, si l'ère de l'open débute officiellement en 1968, quatre ans plus tard, les pros sous contrat sont interdits de Roland-Garros et, en 1973 c'est Wimbledon qui est boycotté par les membres de la toute nouvelle ATP (Association des Tennismen Professionnels), fondée par JACK KRAMER. Par la suite, les joueurs n'auront de cesse de prendre leur destin en main. Et ils finiront par réussir leur "coup d'État" en août 1988. En plein US Open, HAMILTON JORDAN, patron de l'ATP, accompagné de MATS WILANDER et PAUL ANNACONE, représentants des joueurs, convoque les journalistes pour une conférence de presse improvisée sur un parking devant le central. Le trio rejette les propositions de *Men's Tennis Council*, et annonce la création d'un nouveau "Tour". En l'espace de quelques semaines, 85 des 100 meilleurs joueurs mondiaux vont adhérer à ce projet. Les directeurs de tournois suivent le mouvement, et la première compétition est disputée en janvier 1990. Le tennis pro, tel que nous le connaissons, était né…

Le cyclisme s'est, pour sa part, ouvert lentement au professionnalisme. Et, si ce sont aujourd'hui les courses sur route qui suscitent l'engouement du public, les spectateurs étaient, à l'origine, davantage séduits par les épreuves sur piste. La première compétition, organisée en 1868 sur 1200 m dans le parc de Saint-Cloud, se déroule dans la plus parfaite indifférence. Et seuls quelques historiens ont retenu la victoire de JAMES MOORE, un vétérinaire anglais doté d'un bon coup de pédale. L'invention de la chambre à air, en 1888, par

© Eyrolles Société

l'Écossais JOHN DUNLOP, a permis de développer ce nouveau sport. Trois ans plus tard apparaissent des courses au long cours, comme Bordeaux-Paris et Paris-Brest-Paris, réservées aux vrais forçats de la route. Mais la foule ne se presse pas sur le parcours. Elle préfère remplir les vélodromes pour admirer les "pistards", dont les premiers championnats du monde se tiennent en 1895, à Chicago. En 1899, le Madison Square Garden de New York est à son tour conquis par ces acrobates du vélo, et, en 1913, le Vel' d'Hiv' de la rue de Grenelle, à Paris, se passionne pour les "courses à l'américaine", disputées par équipe de deux, chacun des partenaires devant prendre d'interminables relais sur l'anneau de bois. C'est le début des "Six Jours", qui feront le bonheur de l'arène parisienne jusqu'en 1958. Pour les pros de la route, les temps sont plus difficiles. Certes, la création du Tour de France, en 1903, par HENRI DESGRANGES, patron du journal *L'Auto*, leur fournit une vitrine idéale, mais, à l'époque, leurs exploits ne reçoivent un écho que dans les colonnes du quotidien organisateur de l'épreuve. Et le Tour fait alors souvent parler de lui dans les colonnes des faits divers… Dès la première édition, disputée en six étapes sur 2400 km, des coureurs se font tirer dessus. Et, en 1911, un certain BUBOC est empoisonné. Le coupable ne sera jamais arrêté… Dans l'Entre-deux-guerres, la plupart des classiques du cyclisme voient le jour, et les premiers championnats du monde, remportés par l'Italien ALFREDO BINDA, ont lieu en 1927, sur le circuit du Nürburgring, en Allemagne. Mais les champions ne roulent toujours pas sur l'or… Et c'est seulement dans les années 50 que le Français RAPHAËL GÉMINIANI se fait rétribuer par un sponsor extra sportif, et devient du même coup le pionnier du cyclisme pro. La suite de l'histoire est connue. Avec la télé, le Tour se transforme en événement majeur : on peut enfin suivre une course de l'intérieur, "comme si on y était". Et plus d'un million de fans se retrouvent chaque année sur les étapes du Tour de France, pour toucher leurs héros. Parfois même d'un peu trop près. Un succès qui va bien sûr de pair avec une hausse substantielle des revenus des cyclistes. Ainsi, ces dernières années, le vainqueur de la « Grande Boucle » peut toucher une prime de plus de 400 000 euros…

Avec la Formule 1, épreuve reine de l'automobile, lancée en 1950, le sport flirte avec l'industrie. Les sommes mises en jeu n'ont plus rien à voir avec celles investies dans les autres sports. Même si les clubs de foot ont des budgets qui semblent somptuaires, et tournent autour de 500 millions de francs pour les clubs les mieux lotis du championnat de France (PSG, Lyon, Monaco), ceux des plus grosses écuries de F1 font plus que doubler cette mise. Ingénieurs, techniciens, logistique : les frais engagés expliquent à eux seuls les sommes engagées. Il faut dire que cette discipline hors norme a derrière elle des sponsors d'une générosité sans égal. Depuis 1969, les cigarettiers (à commencer par Marlboro, mécène de la Scuderia Ferrari) sont derrière les constructeurs, ainsi que, pour des raisons évidentes, de nombreux pétroliers. Et les recettes du plus populaire des sports mécaniques ont connu une incroyable embellie depuis que, par la grâce des accords de La Concorde en 1981, le pouvoir est passé des mains de la FIA (*Fédération Internationale Automobile*) à celles de la FOCA (regroupant les constructeurs). Concrètement, avec à la baguette le Britannique BERNIE ECCLESTONE, un ancien vendeur de voiture qui avait fait ses débuts autour des circuits en vendant chèrement les espaces publicitaires, la F1 a pris le contrôle de son image, et a négocié ses droits au prix fort (comme nous le verrons dans le chapitre 3 du présent ouvrage). L'inconvénient étant que "BERNIE" est, petit à petit, devenu le Napoléon de la discipline, un homme sans lequel rien ne peut se faire, et dont le pouvoir est pourtant de plus en plus contesté…

En fin de compte, le dernier sport à avoir cédé aux sirènes du professionnalisme aura été le rugby. Inventé par hasard en 1823 par un certain WILLIAM WEBB ELLIS (sur un coup de folie, il ramassa le ballon à la main lors d'une partie de foot au collège de Rugby), codifié en 1841, passé une fois pour toute à l'ovale en 1877 et exporté en France à la même époque (le premier championnat national, récompensé, déjà, par le bouclier de Brennus eut lieu en 1892, et vit la victoire du Racing sur le Stade Français (4-3), le "sport roi" aura eu du mal à sauter le pas. Pendant très longtemps, sous l'égide de la très anglo-saxonne *International Board*, fondée en 1886, mais que la France n'a rejoint qu'en 1978, l'argent est resté tabou, même si tout le monde savait qu'il coulait, certes sans bruit, entre les mains des dirigeants.

> *C'est seulement en 1998 que les clubs de l'Hexagone sont enfin autorisés à sauter le pas, et à rémunérer leurs joueurs.*

Depuis 1895, seuls les adeptes du Jeu à XIII, beaucoup moins populaire dans l'Hexagone, pouvaient percevoir un salaire. Du moins en théorie... Cet "amateurisme marron", devenu de plus en plus intenable avec la naissance de la Coupe du monde en 1987 et de la *Heineken Cup*, Coupe d'Europe des clubs, en 1996, ce sont les nations de l'hémisphère sud qui ont, les premières, décidé d'y mettre un terme. En avril 1995, Australie, Nouvelle-Zélande et Afrique du Sud lancent la *Super League*. Dès le mois de novembre, s'ouvre officiellement l'ère du rugby pro, et avec elle le "Super 12", son premier grand championnat, qui ne tarde pas à faire de l'ombre aux compétitions du Vieux Continent. Pourtant, la France, et surtout la FFR (Fédération Française de Rugby) de BERNARD LAPASSET, rechigne à se mettre au goût du jour.

Résultat : aujourd'hui, l'équipe la plus riche de France, le Stade Toulousain, a un budget qui s'élève à 10 millions d'euros (1/8 de celui des footeux de l'Olympique Lyonnais), et le salaire moyen des joueurs évoluant dans la Ligue Nationale de Rugby (LNR) est estimé à 4 500 euros par mois. Ce n'est certes pas le Pérou, surtout lorsque l'on connaît la brièveté de carrières soumises aux aléas des blessures, mais rugbyman est enfin devenu un métier. Et ce n'est déjà pas si mal...

CHAPÎTRE 2

Les champions
ont la cote...

Les performances des sportifs ne se
mesurent plus seulement à l'aide
d'une toise ou d'un chronomètre,
mais aussi à l'aune de leur compte
en banque, du Dow Jones ou du CAC
40. Autant d'indices qui permettent
de mieux évaluer le fossé séparant
encore les Américains du reste du
monde, et entre ceux qui sourient
aux caméras des autres...

Héros de l'athlétisme tricolore et héraut du gaullisme, ALAIN MIMOUN, qui, à quarante ans passés, triompha de la canicule et de l'adversité lors du marathon des Jeux Olympiques de Sydney en 1956, regrette son âge d'or, celui où les sportifs ne transpiraient pas la richesse : « *De mon temps, on était content d'aller courir en Normandie pour un kilo de beurre* », rappelait-il dans les colonnes du magazine *Sport's*. À l'époque de son triomphe surprise, lors du 400 m des J.O. de 1968, à Mexico, COLETTE BESSON n'était guère mieux lotie. Le tribut payé à sa gloire se résuma à une prime de 1200 francs, un louis d'or, de la vaisselle et un K-Way... Mais aujourd'hui, les champions veulent avoir le beurre, l'argent du beurre et le sourire de leur banquier... Et leurs performances financières progressent encore plus vite que celles qu'ils accomplissent sur les stades...

1. Des salaires astronomiques pour des sports médiatiques

Il suffit, pour s'en convaincre, de consulter le baromètre que constitue le classement annuel des 50 personnalités les plus riches dans le monde des médias (sport, cinéma et télévision), publié par le magazine financier américain *Forbes*. Un hit-parade où ils sont certes nettement distancés par le réalisateur de la trilogie de *Star Wars*, GEORGES LUCAS, N°1 incontesté avec ses 250 millions de dollars engrangés en 2001, par la redoutable animatrice de talk-show OPRAH WINFREY (150 millions), et même par "L'incassable" BRUCE WILLIS (70 millions). Mais le premier sportif figurant dans ce tableau d'honneur du business, le pilote de Formule 1 allemand MICHAEL SCHUMACHER, se place à un très enviable quatrième rang, grâce aux 59 millions de dollars perçus l'année dernière... Bien entendu, ces

© Eyrolles Société

revenus font tout juste figure de pourboire lorsqu'on les compare à la fortune personnelle de BILL GATES, patron de Microsoft et leader indétrônable du classement toute catégorie des capitalistes, avec une "cassette" estimée à 54 milliards de dollars... Mais "SCHUMI" fait tout de même bien plus envie que pitié...

Le crack de la maison Ferrari peut rougir de plaisir, d'autant qu'il est l'un des rares Européens à tirer son épingle du jeu dans ce palmarès financier. En effet, parmi le top 10 des sportifs figurent huit athlètes américains.

| zoom 1 | *Le Forbes*

Voici le top 10 des sportifs les plus riches du monde pour l'année 2001, publié par le magazine économique américain *Forbes*. Les gains sont exprimés en millions de dollars.
1. MICHAEL SCHUMACHER (Formule 1, Allemand) : 59 M
2. TIGER WOODS (Golf, Américain) : 53 M
3. MIKE TYSON (Boxe, Américain) : 48 M
4. MICHAEL JORDAN (Basket-ball, Américain) : 37 M
5. DALE EARNHARDT (Automobile, Américain) : 34,5 M
6. SHAQUILLE O'NEAL (Basket-ball, Américain) : 34 M
7. LENNOX LEWIS (Boxe, Anglais) : 23 M
7. OSCAR DE LA HOYA (Boxe, Américain) : 23 M
9. GEORGES FOREMAN (Boxe, Américain) : 21 M
10. KEVIN BARNETT (Basket-ball, Américain) : 20,1 M

Seul le boxeur poids lourd britannique LENNOX LEWIS sauve l'honneur du Vieux Continent. Boxeurs et basketteurs tiennent le haut du pavé, et certains de ces nantis sont presque inconnus hors de leurs frontières. C'est le cas du pilote DALE EARNHARDT, 7 fois champion de NASCAR, une formule automobile qui ne se pratique que sur les anneaux de vitesse américains. Bien que tragiquement disparu lors d'un accident survenu pendant les 500 miles de

Daytona, en février 2001, DALE figure tout de même au cinquième rang des champions du *Forbes*, avec 34,5 millions de dollars de revenus. Dans son pays, ce casse-cou était une vraie légende, mais combien de Français connaissent son existence ? Quant aux joueurs de base-ball, ils ne s'exportent guère qu'au Japon… Pourtant, ils gagnent beaucoup plus qu'un ZIDANE ou qu'un RONALDO… Une suprématie que l'on peut mettre sur le compte d'une "exception culturelle" *made in USA*.

> *Outre-Atlantique, contrairement en Europe, l'argent n'a jamais été "sale", et le sport a toujours été considéré comme un business parmi d'autres. Et comme un spectacle…*

Ce qui explique d'ailleurs que le journal *Forbes* ait pu l'associer à la télévision et au cinéma.

Pour le public qui remplit les arènes de la NBA (*National Basket Association*) ou de la NFL (*National Football League*), les matches sont des shows, que les fans viennent d'ailleurs admirer en famille. Sans danger… Car si la violence endeuille encore trop souvent les rencontres de football en Europe comme en Amérique du Sud, les hordes de hooligans racistes amateurs de castagne n'existent pas aux États-Unis, où les supporters acceptent de bonne grâce la défaite de leurs favoris. Bref, ce n'est pas au Staples Center, fief des Lakers de Los Angeles, ni au Madison Square Garden, temple des Knicks de New York que l'on verra des fans de basket en furie lancer des pièces sur les visiteurs, comme c'est monnaie courante dans les enceintes grecques ou turques…

> *Paradoxe, du moins en apparence, c'est là où il y a le plus d'intérêts en jeu que l'enjeu est le moins dramatique. Il est vrai que les batailles rangées et les lynchages en règle ne font jamais bon ménage avec les affaires. La bagarre éloigne les clients…*

Alors, même si ces "*showmen*" jouent parfois les "*bad guys*", comme par exemple le dur et tatoué DENNIS RODMAN, ex-star des Chicago Bulls, même si de nombreux joueurs de football US ont avoué avoir mis le nez dans la cocaïne et se shooter aux antalgiques pour supporter la douleur de leur os brisés et de leurs muscles broyés par les chocs, comme le célèbre BRETT FAVRE, *quarterback* [1] des Green Bay Packers, les athlètes d'Outre-Atlantique restent des modèles… de réussite. Comme Drew Bledsoe, *quarterback* des New England Patriots, qui a signé en 2002 le plus gros contrat de l'histoire de la *National Football League*, d'un montant de 110 millions d'euros. Du côté de la NBA, c'est le pivot des Minnesota Timberwolves, KEVIN GARNETT, qui a établi un nouveau record, en se liant pour 6 ans à sa franchise, moyennant 126 millions de dollars… Quant aux joueurs de la NHL ou de l'*American* et *National League* de base-ball, ils ne font pas figure de parents pauvres, et affichent des gains sensiblement équivalents.

> *Les salaires des joueurs de base-ball donnent le vertige,*
> *mais sont à l'échelle de la richesse des ligues professionnelles*
> *majeures, qui gèrent des revenus sans commune mesure*
> *avec celles de leurs homologues européennes.*

À titre d'exemple, on peut citer le chiffre d'affaires global de la NBA, estimé, pour l'exercice 2001, par son "commissionnaire" DAVID STERN, à 17,75 milliards de francs… Bref, pour le meilleur comme pour le pire, l'argent n'est vraiment pas tabou chez les Américains, et les sportifs n'hésitent pas à déclarer ce qu'ils gagnent, non seulement au fisc mais aussi aux journalistes. Une attitude qui tranche avec celle de leurs confrères européens, qui réagissent comme s'ils avaient honte de leur bonne fortune. À cet égard, le boycott de la presse par les joueurs du Paris Saint-Germain, suite à la publication de leurs salaires par le quotidien *Le Parisien* (voir encadré ci-dessous) est pour le moins symptomatique. De même, une ancienne

---

1. Le *quarterback* : au football américain, le distributeur de balles.

déclaration du skieur Luc Alphand en dit long sur l'approche des sportifs français : « *Je ne peux pas vous dire combien je gagne, déclarait-il dans le mensuel Sport's, parce que si, par exemple, je vous dis que je gagne 100 000 francs par mois, que vont penser mes voisins ?* ».

| zoom 2 | PSG-OM, le match des comptes en banque

Voici, exprimés en euros, les salaires bruts des stars des clubs parisiens et marseillais. À titre de comparaison, il faut savoir qu'un joueur comme David Beckham, vedette de Manchester United, sans doute le joueur le mieux rémunéré de la planète foot, aurait perçu 10,3 millions d'euros l'an dernier, primes incluses. Ces primes limitent d'ailleurs un peu la pertinence des chiffres mentionnés ci-dessous, car elles incluent, dans certains contrats, le nombre de buts marqués, de matches joués, de victoires... Ce qui permettait parfois, dans un passé récent, d'annoncer des salaires très faibles qui pouvaient être doublés grâce à ces "bonus"... Selon le quotidien *Le Parisien*, cette saison, les défenseurs du PSG Mauricio Pocchettino et Cristobal Parales toucheraient respectivement 152 000 et 120 000 euros de primes si leur club devient champion de France. Quant aux Marseillais, ils percevraient un "plus" de 75 000 euros en cas de qualification pour la Coupe européenne de l'UEFA.

PSG
Augustine Okocha : 167 693 euros
Nicolas Anelka : 152 449 euros
Frédéric Dehu : 106 714 euros
Ronaldinho : 95 280 euros
Mauricio Pocchettino : 76 986 euros

OM
Ibrahima Bakayoko : 121 959 euros
Pascal Nouma : 106 7114 euros
Franck Jurietti : 106 714 euros
André Luiz : 83 846 euros
Eduardo Tuzzio : 76 224 euros
(source *Le Parisien*)

2. Le pouvoir des athlètes

Reste que de plus en plus, en France comme ailleurs, tout est devenu marchandise. Le sport en particulier. Grâce à la télévision, la gloire des stars du sport est en effet devenue planétaire dans les années 60.

> *Il était logique que les champions, sans qui le spectacle n'existerait pas (et les sponsors ne viendraient alors pas), finissent par réclamer des émoluments à la hauteur des audiences et des recettes publicitaires qu'ils génèrent...*

Du moins pour ceux qui passent sur le petit écran... Car il existe désormais des heureux et des damnés, deux races de sportifs séparés par une caméra. Celle du patineur artistique PHILIPPE CANDELORO, qui, selon le mensuel *Sport's Magazine*, au faîte de sa gloire dans les années 90, a pu réclamer à TF1 2 millions de francs pour participer au Trophée Lalique, sachant que la chaîne organisait l'épreuve et ne se serait pas remise de son absence. Et celle du skieur nautique PATRICE MARTIN, l'athlète le plus "doré" de France, avec 14 titres mondiaux à son palmarès, mais dont les exploits restent quasi invisibles pour le grand public. Du coup, il ne percevait, à la fin de sa carrière, qu'environ 100 000 euros par an de ses sponsors, et devait sur cette somme payer tous ses frais (voyages, location de bateaux...). Résultat : il ne lui restait presque plus rien, et c'est surtout grâce à son emploi à la Banque de France qu'il réglait ses factures... Certains tennismen de première série française (regroupant les 30-35 meilleurs joueurs de l'Hexagone) s'en sortent mieux que lui...

> *Les athlètes évoluant dans des sports médiatiques n'ont vraiment plus à se plaindre. Même si, dans la plupart des cas, l'embellie est plutôt récente.*

Ainsi, pour les footballeurs, il est même possible de dater les prémices de cette ruée vers l'or. Pour eux, tout a commencé avec "L'arrêt Bosman", du nom d'un joueur belge qui, en 1988, devait être transféré du RFC Liège à Dunkerque. Le club d'Outre-Quiévrain exigea une indemnité de 2,2 millions de francs, qui fit capoter l'opération. Commence alors une histoire à la FRANCK CAPRA, celle du "petit joueur" qui terrasse les cadors de l'UEFA (Union Européenne de Football Association). Furieux, le footballeur entame une procédure pour entrave à la liberté du travail. Il s'entête, malgré des menaces, dédaigne, selon ses dires, un dédommagement de 7 millions de francs offert par l'UEFA, et finit par obtenir gain de cause. Après 7 ans de bataille, en décembre 1995, la Cour européenne de justice lui donna raison au nom de la libre circulation des personnes et des biens au sein de la Communauté (en référence à l'article 48 du Traité de Rome). Un verdict qui non seulement lui permit de récupérer plusieurs millions de francs de dommages et intérêts, mais surtout ouvrit la boîte de Pandore des transferts : au nom de cette liberté, tous les joueurs issus d'un pays membre étaient désormais considérés comme nationaux. Et pas seulement dans le foot d'ailleurs, même si les autres sports furent moins prompts à réagir. En clair, suite à ce jugement, le PSG (Paris Saint-Germain) ou Marseille pouvaient en toute légalité aligner onze Italiens et Allemands dans leur équipe… Un système qui a vite profité aux grands clubs européens, qui n'ont pas hésité à casser leur tirelire pour engager les virtuoses de la balle ronde. Pour des sommes de plus en plus conséquentes… L'exemple le plus parlant est sans doute celui de ZINEDINE ZIDANE. Acheté pour 35 millions de francs à Bordeaux, en 1996, il vient de s'exiler pour rejoindre les rangs du Real Madrid, cinq ans plus tard, pour 500 millions de francs, battant d'une centaine de millions le record établi, un an plus tôt, par le Portugais LUIS FIGO, lui aussi embauché par la plus grosse écurie de la Liga. Mais surtout, l'inflation des transferts, liée à l'ouverture du marché et à une concurrence accrue, a été suivie par celle des salaires.

Mais l'endettement colossale des Clubs et la perspective de diminution des droits TV a eu raison de cette inflation. Les vaches (un peu plus) maigres débutent en 2002.

Après la victoire en Corée et son titre de meilleur buteur du mondial 2002, Ronaldo sera lui aussi acheté par le Real. Mais cette fois-ci, FLORENTINO PEREZ n'a pas cassé sa tirelire : le chèque mis sur la table atteint "seulement" 45 millions d'euros, contre près du double au bénéfice de ZIDANE. La différence ne provient pas d'un écart de talent entre les deux joueurs, mais de la période de signature des deux contrats.

zoom 3 | Nos très chers bleus

Bonne nouvelle pour JEAN-CLAUDE DARMON, grand argentier du foot hexagonal ; son groupe, Sportfive, conserve son contrat d'exclusivité sur le marketing de l'équipe de France. Et ce ne sont pas les joueurs qui s'en plaindront, puisque, grâce à l'entregent de la société Football France Promotion (FFP), montée en partenariat avec l'Union Nationale des Footballeurs Professionnels (UNFP), les recettes de sponsoring devraient s'élever à près de 40 millions d'euros pour la période 2000/2002, au lieu de 21,3 millions d'euros pour 1998/2000. La FFF (Fédération Française de Football) et la LNF (Ligue Nationale de Football) perçoivent chacune 17,5% de cette somme, l'UNFP 12,5%, Sportfive 15%... et les joueurs 37,5%. Ce qui, bonus inclus, devait représenter plus de 500 000 euros pour chacun des Bleus en cas de succès au Mondial coréen... À cette manne s'ajouterait le cadeau substantiel offert à ce même vainqueur par la Fédération Internationale de Football Association (FIFA) : 7,5 millions d'euros. L'ensemble des primes distribuées aux 32 équipes par cette généreuse instance s'élevant à environ 120 millions d'euros...

L'athlétisme a connu la même évolution. Il y a quelques 25 ans, GUY DRUT avait connu de gros déboires pour avoir touché de l'argent. Il ferait aujourd'hui pourtant figure d'aimable amateur par rapport à ses successeurs. En effet, dès le début des années 80, sous l'égide de l'Italien PRIMO NEBIOLO, Président de l'IAAF, le sport vedette des Jeux antiques s'est mis au goût du jour.

En créant le Grand Prix, en 1985, puis la Golden League, l'Italien PRIMO NEBIOLO a su séduire les chaînes de télévision, et contraindre les organisateurs à une surenchère pour s'assurer de la présence d'un plateau de stars (pour offrir un programme alléchant, ANDREAS BRUGGE, patron du meeting de Zurich, avait besoin de 35 millions de francs et de 18 "partenaires"…).

| zoom 4 | Une ligue en or

La "*Golden League*" est la plus belle illustration de l'œuvre de l'Italien PRIMO NEBIOLO, patron de l'athlétisme mondial (et de l'IAAF) de 1981 jusqu'à sa récente disparition. Créée en 1997, elle regroupe, de juin à septembre, les 7 plus importants meetings du circuit international (Rome, Saint-Denis, Oslo, Monaco, Zurich, Bruxelles, Berlin). Le but pour les athlètes en lice est de remporter au moins 5 de ces 7 épreuves. Ceux qui réussissent cet exploit peuvent ensuite se partager un butin de 50 kilos d'or, chaque meeting distribuant par ailleurs, au total, 550 000 euros de primes aux vainqueurs… À noter que les épreuves concernées changent d'une année sur l'autre (par exemple, si le 100 m est au programme une année, ce sera au tour du 200 m l'année suivante). Il n'est donc pas évident de gagner le gros lot deux saisons de suite. D'autant plus que, devant son succès, cette *Golden League* regrouperait 9 meetings à partir de 2003.

Conséquence immédiate de cette nouvelle donne, les champions ne courent plus pour rien. MICHAEL JOHNSON, le quintuple champion olympique et recordman du monde des 200 et 400 m, recevait environ 40 000 dollars pour se mettre dans les starting-blocks… Gérer les intérêts de "La loco de Waco" occupait d'ailleurs à plein temps son agent, BRAD HUNT. À un moindre niveau, "la" MARIE-JOSÉ PÉREC pouvait réclamer jusqu'à 25 000 euros par meeting, après son doublé historique aux J.O. d'Atlanta en 1996. Une somme qui pouvait même être majorée lorsque l'épreuve se déroulait en France. JEAN GALFIONE, roi des Gaules et de la perche, avait, à l'époque, sensiblement la même valeur sur le "marché".

3. Comment transformer un simple champion en une vraie star

Un "marché" qui met en exergue une autre inégalité entre les athlètes. Le dixième sprinter mondial aura toujours plus de valeur que la meilleure lanceuse de poids ou le crack des lanceurs de marteau… Parce que sa spécialité est autrement plus populaire et son physique bien plus vendeur pour un sponsor ou un équipementier…

On aborde là un autre enseignement majeur du fameux classement *Forbes*, évoqué plus haut : une bonne image rapporte souvent plus qu'une bonne performance, et ce sont les "fils de pub" qui sortent du lot.

Exception notable à cette règle, le "taureau de Brooklyn", MIKE TYSON, médaille de bronze de ce règlement de comptes avec 48 millions de dollars empochés en 2001, ne séduit pas vraiment les annonceurs. Il faut dire qu'un garçon ayant fait de la prison pour viol avant de repasser devant les tribunaux pour diverses agressions et, qui, cerise sur le gâteau, a été interdit de ring pendant un an après avoir arraché d'un coup de dents un morceau d'oreille à son adversaire, EVANDER HOLYFIELD, n'est pas une image de marque idéale. Sauf peut-être pour un éleveur de pitbulls…

SCHUMACHER, bien que plus "vendeur", doit tout de même l'essentiel de sa fortune au salaire que lui verse Ferrari (même s'il a vanté les mérites des montres Omega).

En revanche, le golfeur TIGER WOODS, s'il a gagné 9 millions de dollars (sur 53…) sur les greens, a réussi son plus beau coup de l'année dans les bureaux de Nike, où il a signé un contrat de 100 millions de dollars sur 5 ans, et qui prévoit notamment le lancement d'une ligne de clubs à son nom…

> *TIGER WOODS a tout pour plaire au sponsor : jeune prodige de moins de 20 ans dans un sport où les "quadras", voire les "quinquas" sont légions, et des origines (noir par son père militaire, asiatique par sa mère) qui aident le golf à échapper à ses stéréotypes sociaux.*

Des stéréotypes qui ont tout de même la vie dure, lorsque l'on songe qu'à l'époque de son premier succès aux Masters d'Augusta, dans le "Deep South" américain, les seuls Noirs autorisés à pénétrer sur la sacro-sainte pelouse de ce club trop sélect étaient… les caddies. Bref, même si sa réussite ne va pas permettre à tous les gosses des ghettos de goûter aux joies du *swing*[1] et du *putt*[2], depuis son avènement, de nombreux Noirs des classes moyennes se sont mis au golf, pour la plus grande joie des équipementiers, heureux de découvrir un nouveau filon…

---

1. Le *swing* : au golf, mouvement de balancement du joueur qui frappe la balle.
2. Le *putt* : au golf, coup joué sur le green, avec le putter.

| zoom 5 | Bienvenue aux clubs

Les golfeurs font partie des sportifs les mieux lotis en matière de gains, grâce à la générosité des nombreux sponsors du circuit PGA (*Professionnal Golf Association*). Voici les 10 meilleurs éléments. Leurs "gains en carrière" sont exprimés en millions de dollars.

1. TIGER WOODS (ETATS-UNIS) : 26,1 M
2. DAVIS LOVE III (Etats-Unis) : 17,9 M
3. PHIL MICKELSON (ETATS-UNIS) : 17,8 M
4. DAVID DUVAL (ETATS-UNIS) : 15,3 M
5. VIJAY SINGH (Fidji) : 14,5 M
6. SCOTT HOCH (ETATS-UNIS) : 14,5 M
7. NICK PRICE (AFRIQUE DU SUD) : 14,4 M
8. HAL SUTTON (ETATS-UNIS) : 13,8 M
9. MARK CALCAVECCHIA (ETATS-UNIS) : 13,4 M
10. GREG NORMAN (AUSTRALIE) : 13,3 M

Avec MICHAEL JORDAN, on aborde une autre catégorie d'athlète. Le mythique numéro 23 des Chicago Bulls, meilleur basketteur de l'histoire, champion olympique en 1984 et 1992 avec la fameuse "Dream Team", cinq fois champion NBA, est une multinationale à lui tout seul. Et celui qui en parle le mieux est sans doute son agent, DAVID FALK. Ce juriste formé à l'Université Georges Washington était un simple employé de la société de marketing sportif Proserv lorsque sa route a croisé celle de MICHAEL JORDAN, en 1983. Sur les conseils de DEAN SMITH, son entraîneur, il rencontre MICHAEL, puis ses parents, et finit par les convaincre qu'il est l'homme qu'il leur faut. Épaté par les dons de ce grand enfant prodige d'1,98 m, FALK veut créer une ligne à son nom. Il soumet l'idée à Converse, qui a déjà LARRY BIRD sous contrat, la seule star blanche de la NBA, et qui ne croit pas trop en l'avenir d'un joueur… trop petit. Adidas refuse aussi. Et c'est finalement Nike, alors simple marque parmi d'autres, qui emporte le morceau.

MICHAEL JORDAN a une détente de kangourou, et l'équipementier vient juste de lancer sur le marché des

chaussures montées sur coussins d'air… Une heureuse
coïncidence qui permet à JORDAN de signer un contrat en or,
assorti cependant de clauses d'annulation.

Le deal deviendra caduque s'il n'est pas élu "*rookie*" (débutant) de l'année, et si les ventes du nouveau modèle n'excèdent pas les 3 millions de dollars. Mais le chiffre d'affaires dépassera les 100 millions de dollars dès la première année et JORDAN deviendra "*His Airness*", sa majesté des airs… Quant à FALK, il a depuis pu fonder sa propre société FAME, en 1991, et gère les intérêts d'une vingtaine de cadors de la NBA. Malin, JORDAN a aussi pris des parts dans la firme de l'Oregon. Les revenus générés par cette implication ne sont pas pris en compte par le *Forbes*, où il figure pourtant à une très honorable quatrième place, avec 37 millions de dollars gagnés. Le salaire d'un million de dollars pour son retour sur les terrains avec l'équipe, et comme manager général, des Washington Wizards, ne pèse pas très lourd par rapport aux royalties de son contrat, signé en 1997, avec la Warner, pour 1,5 milliards de dollars. Une association qui lui avait valu de tenir le haut de l'affiche du film *Space Jam*, en compagnie de… Bugs Bunny. À l'époque, ce basketteur sandwich vantait l'image de Gatorade (une boisson énergétique), MacDonald's, Coca, Chevrolet, les céréales Wheaties, les cosmétiques Johnson&Wilson et, bien sûr, Nike, avec lequel il venait de resigner pour 100 millions de francs par an. Le chiffre d'affaires des produits dérivés portant sa griffe aurait atteint les 15 milliards de francs. Et, avant même son deuxième retour en NBA, il a prouvé, dans d'autres salles, que sa légende fascinait toujours autant le grand public ; le film *Michael's to the Max*, sorti en 2001 dans le réseau des cinémas panoramiques I-Max, a récolté, au final, plus de 100 millions de dollars de recettes.

Alors, bien sûr, JORDAN est un cas d'école, la perle du capitalisme sportif. Mais il est loin d'être le seul à devoir plus de 60 % de ses revenus aux ressources publicitaires.

AGASSI, au sommet de son art, gagnait 15 millions de francs sur les courts et 65 grâce à ses sponsors et équipementiers. GEORGES FORE-

MAN, l'ancien adversaire d'ALI, auteur d'un étonnant come-back à quarante ans passés dans les années 90 (à l'époque, il était même redevenu champion du monde des lourds), a aujourd'hui raccroché les gants. Mais ce pasteur businessman reste tout de même neuvième du classement *Forbes*, avec un pécule de 21 millions de dollars. Une manne divine qu'il doit au succès de sa chaîne de restaurants et à son deal avec la société Dalton, qui lui rapporte encore très gros.

Quant aux joueurs de tennis, on estime que tous ceux figurant dans le top 50 du classement ATP peuvent espérer multiplier par 2 leur gains en tronçons grâce à la pub. Un coefficient qui doit encore être nettement augmenté pour les meilleurs. Ainsi, en 2001, l'Australien LLEYTON HEWITT, N°1 mondial à 20 ans, a signé un contrat le liant pour 5 ans avec Nike, moyennant 105 millions de francs. Mais, à cette roue de la fortune, il est battu à plate couture par une femme, la sculpturale Noire américaine VENUS WILLIAMS, enrôlée par Reebok, pour 5 ans… et 28 millions de dollars environ. Plus étonnant encore est le cas de la Russe ANNA KOURNIKOVA. Cette poupée blonde et sexy, pin-up de calendrier, passe désormais plus de temps à prendre la pose qu'à cogner dans de petites balles jaunes. Elle a même été pressentie pour un rôle de James Bond Girl, aux côtés de PIERCE BROSNAN… Résultat : elle n'était plus, à l'orée de la saison 2002, que 66ᵉ joueuse mondiale au classement WTA (*Women Tennis Association*), et c'est surtout pour ses mini-shorts qu'elle se fait remarquer sur les courts. Pourtant, elle aura aussi été en 2001, selon le magazine spécialisé britannique *Ace*, celle qui aura le mieux gagné sa vie, en touchant environ 11 millions d'euros…

| zoom 6 | **Le top du tennis**

Le circuit ATP rapporte très gros aux as de la raquette. Les filles les plus douées, affiliées à la WTA (*Women Tennis Association*), ne sont pas non plus à plaindre, comme le prouvent les gains empochés lors de la saison 2001, exprimés en millions de dollars.

ATP

1. Gustavo Kuerten (Brésil) : 4,09 M
2. LLEYTON HEWITT (Australie) : 4,04 M
3. YEVGUENI KAFELNIKOV (Russie) : 3,20 M
4. ANDRE AGASSI (États-Unis) : 2,3 M
5. MARAT SAFIN (Russie) : 2,2 M
6. JUAN CARLOS FERRERO (Espagne) : 2,1 M
7. SÉBASTIEN GROSJEAN (France) : 1,9 M
8. PAT RAFTER (Australie) : 1,6 M
9. TOMMY HAAS (Allemagne) : 1,5 M
10. GORAN IVANISEVIC (Croatie) : 1,2 M

WTA

1. VENUS WILLIAMS (États-Unis) : 2,6 M
2. JENNIFER CAPRIATI (États-Unis) : 2,2 M
3. SERENA WILLIAMS (États-Unis) : 2,1 M
3. LINDSAY DAVENPORT (États-Unis) : 2,1 M
5. MARTINA HINGIS (Suisse) : 1,7 M
6. KIM CLIJSTERS (Belgique) : 1,3 M
7. JELENA DOKIC (Australie) : 1,1 M
8. JUSTINE HENIN (Belgique) : 0,99 M
9. LISA RAYMOND (États-Unis) : 0,94 M
10. NATHALIE TAUZIAT (France) : 0,92 M

Tout est affaire d'image. Et pas seulement celle, sur papier glacé, d'un mannequin au corps irréprochable. Si les sportifs sont devenus des héros, c'est plutôt à la manière des acteurs, chacun ayant un rôle à jouer dans ce casting : le bon, la brute, la belle et la bête…

Le bon pourrait être notre OBÉLIX national, tombé à la naissance dans la potion magique : le judoka DAVID DOUILLET. Ce géant souriant, au gabarit (1,98 m pour 135 kg) et au palmarès hors norme (double champion olympique et trois fois champion du monde) bat en effet tous les records de popularité. Le baromètre annuel du *Journal du dimanche* est à cet égard sans équivoque : classé deux fois de suite N°1 de ce palmarès, en 2000 et 2001, devant, notamment, l'ABBÉ PIERRE, cette ceinture noire semble invincible. S'il n'a pas la dégaine du mannequin standard, son côté HERCULE sympathique, au charisme indéniable, a d'ailleurs très vite séduit les publicitaires. Après son premier titre au J.O. d'Atlanta, DAVID a même plutôt enchaîné les tournages que les tournois. Mitsubishi, les dalles Gerflor et surtout Travelstore, un voyagiste dans lequel il avait investi – en pure perte pour cause de faillite – 100 000 euros sur sa cassette personnelle, s'étaient attachés ses services. Il touchait par ailleurs environ 300 000 francs par an de la part de son sponsor, Adidas, dont il avait rejoint "The Olympic Team", ainsi qu'un pécule de la part de son club, les PSG Omnisport. À l'époque, ses intérêts étaient gérés par sa fédération. Cette armoire normande (il a grandi près de Rouen) a même fait sa première apparition au cinéma, en jouant les gardes du corps dans *Fallait pas*, de GÉRARD JUGNOT, et a fait valoir un cœur à la mesure de sa carrure, en devenant le VRP VIP de "L'opération pièces jaunes", chère à BERNADETTE CHIRAC. Après son titre olympique à Sydney en septembre 2000, le judoka s'est reconverti, en intégrant Réservoir Sport, la filiale de la maison de production du présentateur JEAN-LUC DELARUE. Lequel est du même coup devenu son agent…

Mais si HERCULE a du succès, les VÉNUS ne sont pas non plus à plaindre. À commencer par celle dont les résultats, exceptionnels, et la silhouette de gazelle ont forcément tapé dans l'œil des publicitaires. MARIE-JOSÉ PÉREC, championne du monde du 400 m et triple championne olympique sur 200 et 400 m est, de loin, l'athlète française la plus titrée. Après son doublé d'Atlanta, en 1996, Pepsi, Mitsubishi, son équipementier Reebok et surtout Pirelli ont fait appel à ses services. La diva, au faîte de sa gloire, percevait alors pas loin d'un million d'euros par an. C'est-à-dire bien peu de chose par rapport à un footballeur bien coté, mais un pécule appréciable dans sa discipline. Seulement, entre ses blessures à répétition, et son caractère "complexe », sa carrière a mal tourné, au grand désespoir de son agent ANNICK AVIERINOS (patronne d'Ars Athlética) et de son principal sponsor Reebok, décontenancés par ses caprices de star… ANNICK AVIERINOS a certes réussi par ailleurs à enrôler deux autres jolies filles, les épéistes LAURA FLESSEL et VALÉRIE BARLOIS, qui ont eu leur heure de gloire après Atlanta. Reste que l'escrime n'intéresse vraiment les Français que tous les quatre ans, lorsqu'elle ramène une vraie moisson de médailles olympiques, ce qui limite d'autant leur valeur sur le marché… Même si les sportifs ne sont plus seulement tenus à une obligation de résultat…

> La vie des sportifs a changé du jour où ils ont pu sortir des pages spécialisées pour s'afficher dans les rubriques "People" des magazines. De simples champions, ils sont devenus de vrais héros. Leurs contrats publicitaires illustrent d'ailleurs à merveille cette évolution.

Au même titre que certains comédiens, les athlètes ont remplacé les mannequins vedettes dans le cœur des Français. Avec un avantage notable : leur gloire ne repose pas seulement sur leur look…[1].

> « Le champion renvoie aux trois modèles de notoriété. Le héros qui agit, le génie qui vaut par son œuvre, et le saint que l'on admire pour sa manière d'être. »

Il n'est même pas toujours nécessaire de vaincre pour devenir populaire. Dans le passé, la cote d'amour du coureur cycliste RAYMOND POULIDOR, surnommé par ses fans "l'éternel second", dépassait de loin celle de JACQUES ANQUETIL, dont il n'avait pourtant jamais pu

---

1. Pascal Duret, sociologue, auteur de *L'héroïsme sportif*, éd. PUF.

triompher lors du Tour de France... En France, les *losers* magnifiques séduisent davantage que les gagnants trop sages et trop lisses. Les "Verts" de Saint-Étienne, battus par le Bayern de Munich en finale de la Coupe d'Europe 1976 ont eu droit à un bain de foule sur les Champs-Élysées. Les Bleus de PLATINI, sortis aux tirs au but par l'Allemagne en demi-finale du Mondial 1982 au terme d'une bataille homérique, ont leur place au Panthéon du football national.

> *Au même titre que "le petit qui n'a pas peur des grands"*
> *(l'épopée des amateurs de Calais, récent finaliste de la*
> *Coupe de France, en étant la plus belle illustration).*
> *Le héros qui souffre a toujours les faveurs du public. Ses*
> *plaies et ses bosses donnent du relief à son histoire. Comme*
> *dans n'importe quel bon scénario, sa carrière mêle gloire,*
> *disgrâce et rédemption. On l'aime aussi et surtout pour ses*
> *défauts, qui façonnent sa légende.*

On a eu AGASSI, le rebelle habillé sur mesures par Nike, GUY ROUX, le madré, qui avec son bon sens paysan peut vous vendre n'importe quoi, du téléphone portable à la voiture, et bien sûr CANTONA, la grande gueule indomptable, adepte du "parler vrai" et du "cogner fort". Son cas est d'ailleurs peut-être le plus intéressant. Car lorsque le joueur s'exile Outre-Manche, en 1991, il a une réputation de caractériel ingérable. Et c'est seulement en Angleterre qu'il se métamorphose en dieu vivant pour les supporters des "Red Devils" de Manchester, club avec lequel il a remporté quatre titres de champion. Quand il ne marque pas de buts, il peint, écrit et s'efforce d'expliquer le sens de la vie aux journalistes sportifs, parfois un peu déroutés par ses métaphores d'après-match, mêlant mouettes et chalutiers... Et, bien sûr, de temps en temps, il "pète les plombs", et se retrouve suspendu pendant plusieurs semaines. Mais, le succès aidant, il ressort grandi de ces incartades, et Nike, son équipementier, les exploite même lors d'une pub restée célèbre. On y voit un "CANTO" contrit, filmé en noir et blanc, passer au confessionnal, et avouer qu'après ses derniers "péchés", il avait bien cru ne plus jamais trouver de sponsors. Jusqu'à ce qu'une bonne fée venue de l'Oregon ne décide de prendre sous contrat l'ange déchu… Ce comédien, révélé par ÉTIENNE CHATILLEZ, allait ensuite devenir une image de marque très demandée. Ses cachets étaient négociés par son agent de l'époque, maître JEAN-JACQUES BERTRAND. Un avocat qui avait commencé par le défendre devant les prud'hommes, lorsqu'il était en conflit avec le club de Nîmes… Et qui a aussi, par la suite, plaidé la cause de PHILIPPE CANDELORO devant ses sponsors et partenaires…

Bref, de mieux en mieux entourés, de plus en plus médiatisés, les sportifs, devenus stars, ne séduisent plus seulement sur les stades. Les industriels et les clubs investissent désormais sur leur nom. Et, avec leur nouvelle valeur marchande, ils ne peuvent plus se permettre de perdre…

4. Petits arrangements avec l'éthique

a. Une affaire de dopage

L'ennui, c'est que cette quête de victoire à tout prix pousse les athlètes et leurs Pygmalion à de petits arrangements avec l'éthique… En emportant avec eux de drôles de boîtes à pharmacie. Le dopage n'est certes pas une invention récente. Dès les années 60, le coureur anglais SIMPSON était mort en pleine ascension d'un col du Tour de France, après avoir absorbé des substances douteuses. Dans les années 70, le dopage d'État, organisé par des "Docteurs Folamour" est-allemands, était d'une toute autre ampleur. Lors d'un récent procès, d'anciennes nageuses ont raconté jusqu'où leurs médecins pouvaient aller pour stimuler chez elle la production de testostérone, l'hormone mâle. Ils les mettaient enceintes, puis les faisaient tout de suite avorter... Avant de recommencer l'opération. On imagine sans mal dans quel état ces jeunes femmes ont terminé leur brève carrière... Mais, avec le temps, les méthodes utilisées sont devenues plus subtiles. Beaucoup trop en tout cas pour les tests de dépistage (pour l'essentiel des analyses d'urine) mis au point par les différentes fédérations et les laboratoires agréés par le CIO, comme celui de Châtenay-Malabry, en région parisienne.

Dans certaines disciplines, il semble désormais impossible de s'imposer sans se doper. Le domaine le plus patent et le plus médiatisé est, sans conteste, celui du cyclisme.

Un sport dont les champions ont trouvé un super carburant : l'EPO (érythropoïétine), une hormone qui favorise le transport d'oxygène dans le sang. Ainsi "oxygénés", les muscles deviennent nettement plus performants à l'effort... Une qualité qui a valu à ce produit miracle de devenir la "vitamine préférée" du peloton dès le début des années 90. Mais c'est seulement en juillet 1997 que le grand public découvre l'existence de ce médicament, lorsque, à la frontière franco-belge, des douaniers interceptent un véhicule conduit par un certain WILLY VOËT, soigneur de l'équipe cycliste Festina. À bord de la voiture, 250 doses d'EPO achetées en Suisse et en Allemagne. Quelques jours plus tard, le 17 juillet, BRUNO ROUSSEL, patron de l'équipe, et ERIC RYCKAERT, médecin des Festina, sont mis en examen à Lille. ROUSSEL passe aux aveux, et explique qu'il avait constitué une caisse noire, grâce à une taxe sur les salaires de ses coureurs, pour leur procurer des produits dopants. Le lendemain, les larmes aux yeux, son leader, RICHARD VIRENQUE, est contraint de se retirer de la Grande Boucle, même s'il persiste, en dépit du bon sens, à clamer son innocence... Avec ce scandale, l'on commence à évoquer les dangers de l'EPO. Ce produit, qui augmente très sensiblement la viscosité du sang (en d'autres termes l'épaissit) et le taux de globules rouges (la limite autorisée étant de

50% chez les cyclistes contre 40 à 42% pour le commun des mortels). Résultat : avant qu'ils n'apprennent à mieux maîtriser ses dosages, les médecins contraignaient leurs patients à se réveiller en pleine nuit pour faire de l'exercice. Car, pendant le sommeil, la circulation marche au ralenti, et le sang a déjà naturellement tendance à s'épaissir. Et les risques de thrombose ou d'embolie pour les adeptes de l'EPO deviennent alors conséquents, s'ils ne stimulent pas leur métabolisme… Autre leçon : l'EPO n'est détectable que par le biais d'analyses sanguines. Lorsqu'ils doivent passer des tests classiques (analyses d'urine), il suffit aux coureurs de prendre des produits "masquants" pour tromper les limiers de l'antidopage… Et les Festina étaient loin d'être les seuls à recourir à cette potion magique. La mise en cause plus récente d'autres directeurs sportifs, comme l'ancien coureur français MARC MADIOT, démontrait déjà qu'il ne s'agissait pas d'un cas isolé. Et la spectaculaire descente des "*carabinieri*" italiens lors du Giro 2001 montre que c'est bien toute la discipline qui est gangrenée. 300 doses d'EPO ont été raflées en l'espace d'une soirée, et la majorité des ténors du peloton transalpins ont été mis hors course. Prudent, ou mieux informé, MARCO PANTANI avait abandonné la veille. Il faut dire que ses antécédents ne plaidaient pas en sa faveur. Coincé et suspendu en 1999 lors du Giro 1999, celui que l'on surnomme "le pirate" a pourtant longtemps bénéficié d'une étonnante mansuétude de la part de l'UCI (Union Cycliste Internationale). Le médecin qui l'avait soigné après un accident en 1996 a en effet raconté qu'à l'époque, son taux d'hématocrites (le pourcentage de globules rouges) s'élevait déjà à 60%, très au-dessus de la norme autorisée. Mais le Néerlandais HEIN VERBRUGGEN, président de l'UCI, avait alors tenu à préciser que l'Italien était seulement averti, et que l'on ne pouvait en aucun cas écrire qu'il était dopé. Ce même HEIN VERBRUGGEN qui, l'an dernier, a demandé que les corticoïdes puissent être retirés de la liste des produits dopants… En clair, ce brave homme tient surtout à ne pas briser la carrière des champions les plus populaires, dont la déchéance serait mauvaise pour ses affaires. Une inquiétude qui semble d'ailleurs moins fondée qu'il n'y paraît, si l'on se réfère notamment à deux études récentes. La première, réalisée par le cabinet Sportlab en mars 2001 affirme :

39% des plus de 15 ans estiment que « le sponsor cycliste qui a le plus contribué à la lutte antidopage » n'est autre que la société Festina… Un chiffre étonnant qui relève moins de l'amnésie collective que d'un franc succès marketing. En effet, suite au scandale de 1998, l'horloger suisse avait décidé, l'année suivante, de créer une fondation d'entreprise chargée de financer des actions de prévention contre le dopage, dotée d'un budget annuel de 150 000 euros. Mais cela valait-il vraiment la peine de se donner autant de mal ? On peut sérieusement en douter si l'on en croit les propos tenus par FRANÇOIS MIGRAINE, Directeur général de l'équipe Cofidis, à *L'Express* : « *Nous avions songé à nous désengager du milieu, expliquait-il. Mais une étude a prouvé que notre cible se fichait éperdument du dopage. Même si cela peut surprendre, l'image de notre entreprise n'a pas été altérée par l'affaire Festina. Depuis que notre société parraine une équipe, son taux de notoriété spontanée est passé de 2% à 26%. Avec un investissement de 35 millions de francs par an, nous avons l'impression d'en avoir pour notre argent…* ».

Tout se passe comme si le grand public voulait croire, malgré tout, aux exploits. Et comme les instances du sport international ne demandent pas mieux, les choses ne semblent pas prêtes de changer.

La preuve ? Lors des Mondiaux d'athlétisme 2001 à Séville, la Russe OLGA YEGOROVA, convaincue de dopage trois mois auparavant, lors du meeting de Saint-Denis, s'aligne malgré tout sur le 5000 m, suite à un imbroglio juridique, et remporte l'épreuve haut la main. L'athlète anglaise PAULA RADCLIFFE qui, depuis les tribunes, brandissait une banderole hostile aux « tricheurs » a, pour sa part, été exclue *manu militari* de l'enceinte du stade… Comme par hasard, le test pratiqué dans le laboratoire français n'était pas reconnu par la fédération internationale. Et le deuxième échantillon prélevé, qui aurait pu permettre une contre-expertise réglementaire n'a pas été conservé comme il aurait dû l'être. Un heureux hasard ? Un an auparavant, le Cubain JAVIER SOTOMAYOR, recordman du monde du saut en hauteur, avait été autorisé à participer aux J.O. de Sydney, bien qu'ayant lui aussi été contrôlé positif. Et aujourd'hui, alors qu'il vient de prendre une retraite bien méritée, on apprend qu'il avait été "positif" une deuxième fois, à la nandrolone, autre substance dopante très à la mode… Cela fait tout de même beaucoup de coïncidences. Lorsque l'on sait par ailleurs que, au moins jusque dans un passé récent, et de l'aveu même de PHILIPPE LAMBLIN, ex-Président de la Fédération Française d'Athlétisme, des champions étaient prévenus la veille des contrôles "inopinés", on peut se poser des questions sur la volonté réelle des grands pontes du sport de coincer leurs "mauvais joueurs".

> *La préoccupation première des grands pontes du sport semble trop souvent être d'éviter que leurs idoles ne soient déboulonnées pour de simples raisons éthiques… Et l'on peut d'ores et déjà souhaiter bien du plaisir aux experts de l'Agence Mondiale Antidopage (AMA), créée en novembre 1999 et basée à Montréal qui n'aura pas de trop de son budget de 20 millions d'euros (financé, depuis cette année, par les États membres).*

D'autant qu'un sport jusqu'à présent assez épargné par les scandales liés au dopage commence à faire parler de lui dans ce domaine peu glorieux. En Italie, en 2000, pas moins de 16 juges avaient ouvert des enquêtes sur le petit monde du ballon rond. L'un d'eux, le juge GUARINELLO, s'est attaqué à rien moins que la Juventus de Turin. ZINEDINE ZIDANE a été entendu en tant que témoin, et l'un de ses coéquipiers, le Néerlandais EDGAR DAVIDS, a été "pris par la patrouille". L'an dernier, ce sont deux nouvelles vedettes qui ont été contrôlées positives à l'EPO : GUARDIOLA, l'Espagnol de Brescia, et STAM, le Néerlandais de la Lazio de Rome. Le Calcio risque donc gros dans ces affaires qui sont encore loin d'être closes… Il faut dire que l'Italie est la plaque tournante du trafic d'EPO. Ce sont en effet les docteurs FERRARI et CONCONI qui ont diffusé cette substance dans le milieu sportif. CONCONI, un chercheur de l'université de Ferrare, a même débuté ses travaux pour le compte du Comité national olympique italien… Et il se retrouve aujourd'hui soupçonné de "dopage d'État"… Mais l'EPO est peut-être d'ores et déjà dépassée. En effet, lors des récents J.O. d'hiver, à Salt Lake City, l'une de ses variantes, la darbepoetin (surnommée "Nesp") a fait son apparition. L'Espagnol MUEHLEGG, triple médaillé d'or en ski de fond, et les fondeuses russes LAZUTINA et DANILOVA ont été contrôlés positifs. Mais, détail intéressant, l'Espagnol ne s'est vu, pour l'instant, retirer que le titre du 30 km, épreuve au terme de laquelle il a été confondu par ses juges… Ce qui suppose, implicitement, qu'il n'était pas dopé la veille lors de ses autres victoires… MUEHLEGG garderait donc deux de ses médailles d'or ! Les Russes ont, pour leur part, contesté la validité des tests pratiqués, et décidé de faire appel devant le Tribunal Arbitral du Sport (TAS).

Un recours de plus en plus fréquent, car les coupables ont tendance à jouer les victimes. « J'ai pris ce médicament pour soigner ma grippe », « J'en ai pris à l'insu de mon plein gré, parce que c'était caché dans mes compléments alimentaires », « C'est mon médecin qui me l'a prescrit »…

b. Quand les troisièmes mi-temps se déroulent dans les prétoires

Tous les arguments sont bons, et les troisièmes mi-temps se déroulent de plus en plus souvent dans les prétoires. Et pas seulement, d'ailleurs, pour des histoires de dopage… Devant l'importance des enjeux financiers, le "juridisme" gagne et les règlements à l'amiable, entre la poire et le fromage, se font rares…

La récente "affaire RONALDINHO" constitue sans doute l'une des plus belles illustrations de ce phénomène. Lorsqu'en janvier 2001, LAURENT PERPÈRE, Président du Paris Saint-Germain, annonce la signature du petit prodige brésilien en faveur du club de la capitale, les

49

spécialistes du foot ont du mal à le croire. Comment un joueur pour lequel les plus grosses écuries italiennes et espagnoles ont proposé près de 50 millions d'euros pourrait-il choisir de venir dans un championnat de France bien moins riche et prestigieux ? Certes, Canal +, via sa filiale Sport +, gère déjà les droits d'image et de marketing du joueur. D'accord, RAI, ancien capitaine emblématique du club, et JÉRÔME VALCKE, représentant du PSG au Brésil, ont tissé un excellent réseau au pays de la samba et du roi PELÉ. Mais cela ne suffit pas, bien sûr, pour damer le pion au Real Madrid ou à l'Inter de Milan. Non, ce qui permit ce coup de maître, c'est avant tout la négligence (et la présomption) des dirigeants du Gremio Porto Alegre, où RONALDINHO exerçait ses talents… Les recruteurs parisiens ont en effet remarqué que la nouvelle loi Pelé, en vigueur à partir de mars 2001, permettrait au joueur de choisir sa destination sans avoir de comptes à rendre à son ancien club. JEAN-LUC LAMARCHE et ROBERTO ASSIS, frère de RONALDINHO, arrivent à le convaincre de choisir Paris. Fidèle à sa parole, il ne changera plus d'idée. Malgré une offre d'un salaire mensuel de 140 0000 euros par mois de la part du Gremio, ni celle, mirobolante, de près de 8 millions d'euros par an émanant du Milan AC… Mais, faute de le faire céder, le président du Gremio va alors se battre pour ne pas perdre la face. Arguant du fait que le contrat de sa vedette était arrivé à échéance avant que la nouvelle loi Pelé n'entre en vigueur, ses dirigeants demandent une indemnité de transfert colossale au club parisien : plus de 30 millions d'euros. Une somme que les Parisiens ne veulent en aucun cas payer… Pour eux, RONALDINHO était libre de signer pour le club de son choix, sans que sa nouvelle équipe n'ait à débourser un centime. Le dialogue de sourd tourne vite en bataille juridique. Une lutte qui se déroule sur plusieurs terrains. Au Brésil, le Gremio porte l'affaire devant les tribunaux, attaquant RONALDINHO pour rupture de contrat. Dans l'absolu, cette thèse ne tient pas la route. Mais dans le contexte local, pour le moins crispé, aucun juge n'oserait faire valoir le droit du travail. Dans la ville, ce départ est considéré comme une véritable trahison, et le joueur ne peut plus faire un pas dans la rue sans se faire insulter et prendre à partie par des supporters en proie au dépit amoureux. Résultat : lorsque RONALDINHO s'envole pour Paris, en avril 2001, l'affaire n'est toujours pas réglée. Il peut s'entraîner avec le PSG… mais pas jouer. Du coup, le litige est porté devant les instances du football international, en l'occurrence la commission du statut du joueur de la FIFA. S'ensuit une période d'intense *lobbying*, notamment de la part de JOAO HAVELANGE, Brésilien et ancien patron de la FIFA. Lorsque le championnat de France débute, en juillet 2001, le joueur n'a toujours pas reçu sa lettre de sortie de la part de la fédération brésilienne. Deux semaines plus tard, on autorise enfin ce gamin de 20 ans à montrer ce qu'il sait faire sur les terrains de l'Hexagone. Mais en coulisse, la bagarre continue. Et c'est seulement le 2 novembre 2001, après des réunions de conciliations aussi longues qu'infructueuses, que la FIFA coupe la poire en deux : le Paris Saint-Germain devra verser 6,49 millions d'euros au Gremio Porto Alegre. On croit alors que l'affaire est close. Mais c'est sans compter sur la tenacité des dirigeants brésiliens, qui ne retirent pas leur plainte contre RONALDINHO, malgré ce compromis. C'est pourtant la condition préalable exigée par les Parisiens pour régler leur dette… Et c'est seulement dans les premiers jours de l'année 2002 que le sort de l'attaquant de la "Seleçao" sera réglé une fois pour toutes. Le PSG accepte de verser un peu plus de 4 millions d'euros au Gremio, et promet par ailleurs de lui donner 5% de commission sur le futur transfert du joueur. En contrepartie, les Brésiliens renoncent à entreprendre toute action judiciaire contre leur ancien protégé… Il aura donc fallu un an d'une âpre bataille pour en arriver là, et cette histoire, pour symbolique qu'elle soit, n'a rien d'unique. Le sport en général, et le foot en particulier, compte tenu de l'importance de ses enjeux financiers, se joue de plus en plus dans les prétoires. Ce qui a d'ailleurs amené la FIFA à tenter de clarifier les procédures de transfert. Mais cela n'empêche pas les clubs de recourir à des méthodes pour le moins douteuses dans l'espoir d'enrôler des joueurs vedettes. Le monde du ballon ne tourne plus rond. Les coups fourrés y sont désormais bien plus nombreux que les coups d'éclat…

| entretien | GEORGES EDDY, ancien basketteur professionnel et spécialiste de la NBA sur Canal+

Ancien joueur pro dans les années 80 sous les couleurs de Bagnolet, le plus Français des Américains (et vice-versa), qui commente aujourd'hui les rencontres de NBA sur Canal +, était le mieux placé pour comparer le sport business tel qu'on le conçoit Outre-Atlantique avec sa version hexagonale.

Pour vous, quelle est la grande différence entre les systèmes sportifs américains et français ?

C'est d'abord une affaire de goût. Les sports préférés aux USA sont marginaux en France. Ici, il n'y a pas de tradition, pas de culture du basket ou du base-ball. Je ne parle même pas du foot américain. L'organisation du sport aux États-Unis repose sur les "*Leagues*", c'est-à-dire une entreprise qui détient tous les droits sur son sport.

À charge pour elle de le faire fructifier. Donc, dès les années 30, elles ont contacté les sociétés pour leur céder une partie de leurs droits.

En France, en revanche, le sport est soutenu par des associations sportives. Résultat : alors qu'Outre-Atlantique des professionnels enca-drent des professionnels, dans l'Hexagone des amateurs encadrent les pros. Le système français repose sur des fédérations, qui dépendent de leur ministère de tutelle. C'est le système politique contre le business.

Mais il existe aussi un problème de public. Le basket marche très fort dans les pays où le public se déplace, comme en Espagne. En France, on a une tradition du sport éducative, pas sportive.

Quel est le meilleur modèle ?

Je serais incapable de vous le dire. D'un côté, ce qui se fait aux US paraît bien plus efficace. Mais d'un autre côté, "l'amateurisme" à la française est vraiment très agréable à vivre, procure du plaisir.

Mais quel est votre sentiment en tant que pro ?

Je répondrais surtout à propos du basket. Disons que Nike a pour ainsi dire la main haute sur la NBA américaine. Son intérêt est donc de faire connaître ce sport pour agrandir son marché. Nous, à Canal +, on a accompagné le mouvement. Attention ! On n'a rien signé avec Nike, mais la NBA nous a facilité la retransmission des matches américains. Et puis il y a eu le boom du basket en France, avec la "Dream Team". C'est là que le système français est apparu inadapté. La fédération française a vu en la NBA un concurrent, non un partenaire, et a tout fait pour nous mettre des bâtons dans les roues. Puis la retraite de JORDAN a fait du mal à son sport. Pourtant, en 1992, il y avait près d'un million de joueurs de basket en France, selon un sondage paru à l'époque dans *L'Équipe*. Très peu étaient licenciés. C'était un marché à conquérir pour la fédération…

Que s'est-il passé ?

C'est simple. Au début des années 90, à Canal +, on diffusait basket et rugby en alternance, à 14h.

À l'époque, les droits étaient les mêmes. Les rugbymen ont accepté de déplacer leurs horaires. Tandis que les meilleures équipes de basket continuaient à jouer le samedi soir. Alors on a arrêté les diffusions.

Quel avenir pour la France ?

Je ne sais pas. C'est à l'échelon européen que tout se joue. En Europe, les seules fédérations qui tirent vers le haut sont l'Espagnole, la Grecque et l'Italienne. En Espagne, le basket est devenu très populaire depuis qu'ils se sont organisés comme la NBA. C'est Telefonica qui a acheté la fédération ! Et ils y ont mis le paquet. À titre d'exemple, il y a dix salariés à la fédération française, et 100 en Espagne !

| zoom 7 | *Made in USA*

Les sports américains ont des règles qui n'appartiennent qu'à eux. À commencer par celle du "*salary cap*", un plafonnement de la masse salariale pour l'ensemble de la ligue, qui permet d'éviter, du moins en théorie, une surenchère sur les salaires qui risquerait de mettre les franchises en faillite.

Pour la *National Basket-ball Association* (NBA), il s'élève à environ 50 millions d'euros par franchise, alors que les équipes de la *National Football League* (NFL), encore mieux pourvues, auront le droit de dépenser 70 millions de francs. Autre spécificité des championnats d'Outre-Atlantique, la "*draft*" (qui, en anglais, signifie aussi « service militaire »). Un système qui se résume en une vaste tombola, pendant laquelle les franchises peuvent s'attacher les services des meilleurs universitaires et des meilleurs espoirs étrangers (comme le Français TONY PARKER en NBA cette année). Un processus qui se déroule en plusieurs tours, et qui donne la priorité du choix aux équipes les moins bien classées la saison précédente, afin de rééquilibrer, si possible, le niveau de la ligue. Enfin, les pros américains, qui ne veulent pas payer les 4% de commissions réglementaires à un intermédiaire, peuvent devenir des "*free agents*", et négocier eux-mêmes leurs contrats avec les managers des franchises intéressés par leurs services…

CHAPITRE 3

Les agents troubles

Plus jamais seuls ! Les champions ont désormais un deuxième papa : leur agent. Finis les temps héroïques où les contrats se signaient sur un coin de table entre la poire et le fromage. Et si ces pères adoptifs, qui ne manquent pas de ressources, sont souvent accusés de traiter leurs poulains comme des marchandises, ils jouent aussi les boucs émissaires. Car les patrons de clubs, et les sportifs eux-mêmes, sont souvent des innocents aux mains pleines.

L'agent fait le bonheur… le sien et celui de ses poulains. Il est aujourd'hui devenu l'intermédiaire indispensable dans les négociations entre les athlètes et tous ceux qui les gouvernent : équipementiers et sponsors.

1. Généralités

a. Comment l'agent de sportifs est né

Tout a changé dans les années 60, lorsque des gains à la hausse ont attiré l'attention de businessmen au nez creux et aux dents très pointues. Car, comme par hasard, le pionnier des agents de sportifs répond au doux surnom de "Requin"… Un sobriquet dont MARK MC CORMACK, père fondateur de IMG, est sûrement très fier… Et qu'il a tout fait pour mériter depuis près de quarante ans… Toujours sur la brèche, il déclarait encore, il y a peu : « *La prochaine génération de champions portera aux Jeux des maillots siglés Hertz ou Nestlé. Je veux travailler pour cette génération !* »[1]. Pas sûr que tout le monde apprécie cet "avenir radieux". Mais, malheureusement pour ses détracteurs, "le requin" a toujours eu le sens du pronostic… Doué pour les affaires, cet avocat, diplômé d'Harvard, était aussi un très bon golfeur. Assez doué même pour gagner le droit de participer au prestigieux US Open. Sa passion lui permet de rencontrer ARNOLD PALMER, qui est au golf ce que PELÉ est au football. Les deux hommes deviennent amis. Et MARK se rend compte qu'en dépit de sa popularité, son camarade de jeu ne fait pas vendre grand-chose. Un oubli qu'il a vite fait de réparer… Grâce à lui, PALMER devient une véritable marque, une signature qui permet d'écouler bien plus que du matériel de golf. Coup d'essai et coup de maître, cette expérience aiguise un peu plus son appétit. Il se rend compte qu'une foule de sportifs n'attendent que lui pour faire fructifier leur capital-sympathie chez les citoyens consommateurs… Et le squale des affaires ne leur lais-

---

1. Sports.

sera pas le temps de s'impatienter. Fondant sur ses proies, il prendra, entre autres, sous contrat deux autres fameux golfeurs, GARY PLAYER et JACK NICKLAUS, puis JACKIE STEWART, le célèbre pilote de F1 écossais, JEAN-CLAUDE KILLY, triple médaillé d'or en ski lors des Jeux Olympiques de Grenoble en 1968, et le tennisman australien ROD LAVER, le dernier joueur à avoir remporté la même année tous les tournois du Grand Chelem, "signé" en 1968. Rassurée par de telles références, la crème des athlètes pros fera ensuite confiance au juriste de Cleveland : ALAIN PROST, BJORN BORG, ANDRE AGASSI, PETE SAMPRAS et les sœurs WILLIAMS figurent à son tableau de chasse… Plutôt content de lui, MC CORMACK devient un gourou, dont l'ouvrage le plus célèbre[1] est resté, pendant 21 semaines, en tête des meilleures ventes de livres aux États-Unis. En 1997, sa fortune personnelle était estimée à 700 millions de dollars. Son flair l'a donc rarement trahi, et sa société, IMG Mc Cormack, est aujourd'hui devenue une véritable multinationale du sport. Avec plus de 2000 salariés installés dans 28 pays, son chiffre d'affaires annuel dépasse les 5 milliards de francs… Un résultat que cette société ne doit plus seulement, bien sûr, aux seuls contrats conclus avec des sportifs, qui ne représentent plus que 20 % de son chiffre d'affaires global. IMG est désormais un *holding*, qui intervient dans toutes les activités liées au sport. La gestion des droits TV pour les grands événements (de la Coupe du monde de rugby avec l'ERC, au championnat US de base-ball, en passant par les internationaux de tennis de Wimbledon) lui rapporte environ 30 % de ses revenus. Et c'est l'organisation d'événements, tels que le Trophée Lancôme en golf ou le Masters Serie d'Indian Wells en tennis, qui est devenue sa principale activité, lui rapportant 50 % de ses recettes. Une diversification qui ne fait que s'intensifier, puisque la filiale française d'IMG est aussi propriétaire d'un grand nom du foot national, le RC Strasbourg (son Président, l'ancien champion de tennis PATRICK PROISY, étant aussi celui du club alsacien). Même si d'autres sociétés américaines peuvent parfois la concurrencer dans des domaines précis, comme Proserv et Advantage dans le tennis, IMG n'a plus de rivale. La société suisse

---

1. MC CORMACK, *Ce que l'on n'apprend pas à la Harvard Business School.*

ISL (*International Sport, culture and Leisure marketing*), fondée en 1982 par le patron d'Adidas HORST DASSLER, qui l'a longtemps concurrencée dans le domaine des droits TV et du sponsoring, vient en effet de mettre la clé sous la porte (voir chapitre 5 « Les enchaînés de la télé »). Mais cette défunte rivale s'était de toute façon désintéressée, dès l'origine, du métier d'agent de sportifs...

b. Une profession en plein essor

Une profession que d'autres ne demandent qu'à exercer... Et pas seulement dans les disciplines les plus médiatiques. Après leurs succès aux Jeux d'Atlanta, les épéistes LAURA FLESSEL et VALÉRIE BARLOIS avaient confié leurs intérêts à ANNICK AVIERINOS, patronne d'Ars Athletica, qui gérait aussi, à l'époque, les intérêts de la diva des pistes, MARIE-JOSÉ PÉREC. À la même époque, un ancien trois-quarts aile du Racing Club de France, WILLIAM JEFFERSON, et PIERRE-LAURENT DUSSART, créaient Pion Communication, la première agence dédiée au rugby. L'ancien joueur limougeaud DIDIER ROSE fondait Win Basket, PIERRE DANTIN prenait sous son aile les handballeurs champions du monde JACKSON RICHARDSON et FRÉDÉRIC VOLLE. CATHERINE QUITTET, jeune retraitée de l'équipe de France, défendait les intérêts des skieurs au sein d'Acer Athletica. Bref, tout le monde avait son agent...

> *Même les espoirs du tennis ont leur mentor, qui essaie au moins de leur trouver des polos et des chaussures gratis. Certains de leurs aînés, mieux lotis, ont même deux "hommes d'affaires" : l'un pour négocier leurs contrats sportifs, l'autre pour gérer leur image.*

Ce dernier aspect est même la spécialité de l'agence de mannequins Maryline (celle des top models CARLA BRUNI, KATE MOSS et HELENA CHRISTENSSEN), qui a ouvert un département sport en 1996, enrôlant le perchiste JEAN GALFIONE et le boxeur EVANDER HOLYFIELD.

c. Une association indispensable à des professionnels externes

Mais si les athlètes n'étaient plus seuls, il restait à définir les services que pouvaient leur offrir leurs nouveaux mentors. Et comment ils allaient guider leur carrière.

MICHEL FARENG, fondateur de Panathénées, qui a eu dans son "écurie" le judoka champion olympique DJAMEL BOURAS et le gardien des Bleus BERNARD LAMA, déclarait au magazine *Sport's* : « *Il faut d'abord tenir compte des caractéristiques du champion. Il reste un athlète avant tout. On est aussi là pour lui conseiller de toujours privilégier sa carrière sportive. Même si on sait qu'une carrière est courte. Et nous nous préoccupons aussi de sa reconversion. Par exemple, nous avons signé une convention avec HEC pour que les champions avec lesquels nous travaillons bénéficient de cours…* ».

> *Si les managers se chargent de négocier les contrats pour le compte de leurs clients, rares sont ceux assez présomptueux pour gérer en direct leurs gains. Presque tous proposent aux athlètes des solutions externes, et font appel à des cabinets de gestion de patrimoine.*

Géante de la finance, avec plus de 65 000 salariés dans le monde, la société Deloitte et Touche a ainsi travaillé avec les poulains de CATHERINE QUITTET et ceux du bureau parisien d'Advantage International. Sport et Patrimoine, structure spécialisée, a été lancée avec l'appui logistique du groupe Fimagest, sponsor du club de football d'Auxerre, qui gère au total 60 milliards de francs. En clair, les agents s'associent à de vrais pros, qui remplacent désormais, le plus souvent, l'ami ou le parent.

d. Danger : quand la famille s'en mêle

Il faut avouer que les proches n'ont pas toujours fait le bonheur de leurs protégés. C'est le cas notamment pour la championne de ski CAROLE MERLE, qui avait confié 19 millions de francs à son oncle notaire… Résultat des courses, après de nombreuses acrobaties financières et immobilières, la malheureuse s'est retrouvée ruinée et endettée jusqu'au cou à la fin de sa carrière…

Parmi les "parents terribles", Papa GRAF mérite une place de choix. À l'insu de sa fille STEFFI, il réclamait en effet des "garanties" aux organisateurs de tournois qui voulaient s'assurer de la présence de la championne allemande dans leur tableau. Les sommes versées finissaient sur des comptes aux Îles Caïmans. Un petit paradis fiscal dont Monsieur GRAF allait être brutalement chassé par le fisc allemand, dont les agents finirent par découvrir ce tour de passe-passe financier. GRAF senior partit en prison, et STEFFI dut acquitter un redressement de plusieurs millions de marks…

Trop souvent, les parents considèrent leurs rejetons comme une propriété privée, dans laquelle ils ont investi toute leur énergie, et qui doit leur rapporter gros. Une mise sous tutelle parfois très abusive.

Personne n'a oublié les frasques de JIM PIERCE, le père de MARY, qui menaçait de casser la gueule aux arbitres soupçonnés de "voler un point" à sa fille chérie. Interdit de stade à plusieurs reprises, cet ancien marine au coup de poing facile n'était pas plus aisé à vivre dans le privé : il avait aussi la main leste à la maison… Et quand MARY a décidé de s'émanciper, elle a craint pour sa sécurité et celle de sa mère… Non seulement parce qu'il est dangereux de mélanger argent et sentiments, mais aussi parce que les proches n'ont pas toujours les compétences requises…

D'ailleurs, parmi les footballeurs, rares sont ceux qui choisissent encore de gérer leurs gains en famille. THIERRY HENRY, l'attaquant international d'Arsenal, représenté par son père, tout comme l'attaquant de la Juventus DAVID TREZEGUET et NICOLAS ANELKA, défendu par ses frères CLAUDE et DIDIER, font désormais figure d'exception. Surtout dans un sport, le football, qui reste un monde à part.

2. Une organisation balbutiante à définir, une transparence à établir

Malgré tous les efforts déployés depuis dix ans pour aller dans le sens d'une plus grande transparence du marché, le foot, ne serait-ce que par les intérêts en jeu, attire une pléthore d'intermédiaires, souvent douteux. Une situation qui ne risque malheureusement pas de s'améliorer avec une nouvelle législation, en vigueur depuis mars 2001. Ce texte supprime en effet la garantie bancaire dont devaient s'acquitter les futurs agents. Et les 20 questions posées lors de l'examen seraient, de l'aveu même des responsables de la FFF qui l'organisent, d'une facilité déconcertante. Du coup, les 49 agents agréés FIFA sont devenus 98 dès la session de septembre 2001, et ils étaient plus de 200 à se présenter en mars 2002. Mais la FFF a sévi : seuls 4 candidats ont été reçus, pour que l'on ne risque pas de se retrouver avec autant de joueurs pros (ils ne sont que 900 en France) que d'agents…

Pour ne rien arranger, il n'existe aujourd'hui aucune
instance de contrôle pour arbitrer les litiges et les abus
éventuels. La FFF attend le décret qui lui permettrait de
créer un tel organisme.

Le Syndicat des Agents de Joueurs (SAJ) vient tout juste d'être fondé, et s'est choisi pour Président MICHEL BENGUIGUI, l'un des pionniers de la profession. Donc, pour le moment, tous les conflits (4 affaires sont en cours) doivent être arbitrés par des tribunaux civils...

Rien n'est simple dans ce business où tous les coups semblent
permis. D'autant que, ainsi que le démontrent de récentes
affaires, les patrons de clubs sont trop souvent complices
de ce système...

Bien sûr, des efforts ont été faits pour définir et contrôler le statut d'agent. La dernière loi en date, celle du 6 juillet 2000, conforme aux nouvelles réglementations de la FIFA, est très claire : « *Un agent sportif ne peut agir qu'au nom d'une des deux parties* », club ou joueur, impliqué dans la transaction. S'il défend les intérêts du joueur, il doit percevoir une commission, sous forme de note d'honoraires, dont le montant peut varier de 5 à 10% du montant global des revenus du joueur pour les deux prochaines années. Mais en réalité, pour des raisons fiscales, lorsque le joueur s'engage avec un club, c'est bien ce dernier qui prend en charge la rémunération de son agent... Si l'agent représente un club, deux cas de figure sont possibles. Soit ses dirigeants le paient au forfait, en lui donnant un ordre de mission précis. L'intermédiaire touchera alors la différence entre le montant de ce forfait et le prix effectif de la transaction. Mais l'agent pourra aussi être payé à la commission, qui sera, là encore, de 5 à 10%.

3. Quand le sport rend fou...

Seulement, ces grands principes ne sont que théoriques. En pratique, un agent malin et pas trop concerné par les textes de loi peut travailler dans deux société différentes, mais n'apparaître que dans l'une d'entre elles. Dans ce cas, il peut se débrouiller pour être rétribué à la fois par le joueur et par le club... Et le "mélange des genres" est devenu trop fréquent. C'est ainsi que LUCIANO D'ONOFRIO, l'un des hommes les plus riches et les plus influents du foot européen, peut se permettre d'être à la fois agent FIFA (il compte dans son "cheptel" DUGARRY et BOKSIC) et patron du Standard de Liège, l'un des plus grands clubs belges. Ancien manager général de Porto dans les années 80, il a su tisser un réseau unique, devenant l'éminence grise de la Lazio, de la Juve, du Real ou de l'OM... Le Standard lui sert de pivot pour faire circuler ses poulains...

Autre type d'arrangement avec la législation, certains agents deviennent des partenaires privilégiés, voire exclusifs d'un grand club, à fort pouvoir d'achat, ce qui leur assure une position dominante sur le marché national.

C'est le cas de JOSEP-MARIA MINGUELLA, au service du Barça de Joan Gaspart, qui gère, entre autres, les carrières de RIVALDO et de JARDEL. À la grande époque des "*Blaugranas*" de Cruyff, il défendait les intérêts de 8 des 11 titulaires... En Italie, OSCAR DAMIANI possède un statut à peu près équivalent, en tant que conseiller du Milan AC.

Le danger d'un étroit rapprochement entre agents et patrons de clubs est clair : ces super-agents peuvent jouer de leurs influences pour orienter les mouvements de joueurs... Mais ce n'est encore rien à côté de ce qui est pratiqué en

*Amérique du Sud ; là-bas, les joueurs s'achètent en
copropriété, parfois pour la plus grande surprise des
dirigeants européens.*

Un exemple ? Lors du transfert de l'attaquant colombien JUAN PABLO
ANGEL de River Plate (Argentine) à Aston Villa (Angleterre), les
Britanniques se sont aperçus que sur les 144,5 millions d'euros de
cette transaction, seuls 3,2 millions reviendraient au club vendeur.
Le reste tomberait dans la cagnotte d'un certain GUSTAVO MASCARDI
qui, en 1998, avait acheté 50% d'ANGEL lors de son départ de Medel-
lin pour River Plate. Pour simplifier encore les choses, le *senor*
MASCARDI serait l'heureux propriétaire du club colombien et
l'actionnaire majoritaire de River… Une hypothèse somme toute
crédible, lorsque l'on connaît le niveau d'endettement d'une équipe
certes mythique, mais où même le paiement des salaires n'est plus
assuré… Et avec des purs-sangs comme VERON, BATISTUTA, SALAS et
CRESPO dans son écurie, MASCARDI a les moyens de ses ambitions. Et
une sérieuse influence auprès de certains dirigeants. Mais son
pouvoir n'est rien à côté de celui que pourrait bientôt exercer une
société comme First Artist. Ce poids lourd britannique des relations
publiques, qui a "vendu" l'image de GORBATCHEV et de MÈRE TERESA,
vient en effet de fusionner avec l'Italien FIMO, pour fonder une vraie
multinationale, avec plus de 400 joueurs à son catalogue. Et cette
"pieuvre" du foot compte se développer dans le monde entier et
s'intéresser à d'autres sports… Quel transfert important pourra alors
se réaliser sans son aval ?

*Les plus gros agents sont en train de réussir une véritable
OPA, d'exercer un pouvoir occulte, qui ne risque pas
d'améliorer une réputation qui n'est déjà pas fameuse.
Notamment auprès des dirigeants de clubs, qui les accusent
de déstabiliser les joueurs, de chercher à multiplier les
transferts pour transformer les clients en mercenaires et
s'en mettre plein les poches.*

Mais ces procureurs sont souvent des innocents aux mains pleines, comme le prouvent les "affaires" qui agitent actuellement le petit monde du ballon rond.

a. Sur les terrains de football

- L'âge d'or des mégalos

Le foot peut rendre fou... Une folie qu'il faut remettre en perspective, et dont les premiers symptômes se sont manifestés en France dans les années 80. À l'époque, après les premières campagnes glorieuses des Bleus (demi-finalistes des Coupes du monde 1982 et 1986, champions d'Europe en 1984), ce sport devient une vitrine très flatteuse pour l'image et l'ego de chefs d'entreprises. Des patrons qui n'ont pas l'habitude d'échouer et ne vont pas lésiner sur les moyens pour monter "leur" équipe. Des "années fric" qu'incarne bien sûr BERNARD TAPIE, repreneur d'entreprises moribondes, dont il revend ensuite les dépouilles après un plan qui n'a de social que le nom... Avec sa gouaille et son énergie (mise en scène dans une pub pour les piles Wonder, qu'il laissera ensuite à plat...), il a tout pour séduire Marseille, une cité qui vit avec un balle dans la tête. À commencer par son chéquier, qu'il dégaine plus vite que son ombre. PAPIN, WADDLE, BOLI, ABEDI PELÉ, SAUZÉE, rien n'est trop beau pour son OM... Ministre de la Ville, candidat aux municipales dans la cité phocéenne, tout réussit à "NANARD". Mais c'est juste après son sacre qu'il va tomber de son trône. En mai 1993, l'OM remporte la Ligue des Champions (1-0 face au Milan AC), un événement que toute la France attendait depuis 1956 ! Un bonheur de courte durée : quelques jours plus tard, un défenseur de Valenciennes, GLASSMANN, raconte aux journalistes que des dirigeants et des joueurs de l'OM ont tenté de "l'acheter" la veille de la rencontre que l'USVA devait disputer contre les Marseillais.

Un match finalement perdu par les Nordistes (1-0), qui avait permis à l'OM de s'assurer du titre de champion de France, et de partir l'esprit tranquille affronter les Milanais. Manque de chance pour TAPIE et ses affidés, un autre joueur valenciennois est lui aussi obligé de passer à table, après la découverte d'un pécule de 200 000 francs enterrés dans son jardin ! Pour l'OM et son patron, c'est le commencement de la fin : le club est rétrogradé en D2, TAPIE est, pour la première fois, mis en examen par le procureur ERIC DE MONTGOLFIER, avant de s'habituer à fréquenter les prétoires. Reste que si TAPIE est le plus voyant des dirigeants aventuriers, il n'a pas été le seul à se laisser aller...

- Des perfusions municipales à l'asphyxie générale

FRANÇOIS YVINEC laisse son club, le Brest Armorique, en faillite. Les contribuables bretons mettront quatre ans à rembourser les 16 millions de francs de dettes qu'il laissera derrière lui. Le Bordelais CLAUDE BEZ ne se contente pas d'essayer d'amadouer des arbitres la veille des matches de Coupe d'Europe en leur offrant les services de call-girls. Ce comptable de profession creuse un véritable gouffre financier... ALAIN JUPPÉ, Maire de la ville, devra emprunter 70 millions de francs pour éponger sa dette... Quant à JACQUES CHIRAC, il a dû faire un chèque de 40 millions de francs pour éviter le dépôt de bilan au PSG de FRANCIS BORELLI, patron du club parisien jusqu'en 1991. Montpellier et Nîmes se retrouvent eux aussi sous perfusion municipale, et au début des années 90, NOËL LE GRAËT, Président de la Ligue Nationale de Football, décide de recourir aux grands moyens pour purger son sport malade de sa folie des grandeurs... En 1992, il met les clubs pros sous la tutelle vigilante de la Direction Nationale du Contrôle de Gestion (DNCG) pour apurer leurs comptes. Fini le temps des déficits et de l'insouciance, les dirigeants sont désormais tenus de présenter, à la fin de chaque exercice, des bilans équilibrés. Toute dérive exagérée est passible d'une rétrogradation.

Une mésaventure qui aurait bien pu arriver à l'OM, à la fin de la saison 2000-2001, si son Président, ROBERT-LOUIS DREYFUS, patron d'Adidas, n'avait pas accepté de remettre, une fois de plus, la main à la poche…

L'ennui, c'est que les clubs français, devenus vertueux par la force des choses, se sont retrouvés démunis face à des concurrents étrangers qui non seulement sont plus riches, mais disposent aussi d'un statut fiscal bien plus favorable (voir encadré ci-dessous) et pouvaient jusqu'à présent se permettre de vivre à crédit…

| zoom 1 | France, où va ton foot ?

Jamais les clubs n'avaient été aussi endettés ! Pour la saison 2000-2001, leur "découvert" global s'élève à 297 millions d'euros, soit une hausse de 69 millions en l'espace d'un an. Le précédent "record", établi en 1997-1998, était de 7,6 millions d'euros… Autant dire que dirigeants et recruteurs n'ont pas été très raisonnables ces derniers mois. Principale cause de cette dérive : la hausse de la masse salariale qui, en l'espace de six ans, est passée de 118 à 299 millions d'euros. Les mauvais élèves du foot pro sont au nombre de 12, dont quatre en D1. Les trous de Metz et Rennes sont néanmoins loin d'atteindre ceux du PSG et de l'OM, qui représentent à eux seuls 80 % de l'endettement de la D1. LAURENT PERPÈRE, Président du club parisien, compte vendre ANELKA pour 27 millions d'euros, LUCCIN pour 10,6 millions, et DISTIN, 6 millions, afin d'effacer un déficit estimé à plus de 45 millions. Les Marseillais, eux, devront miser sur la générosité, pour l'instant sans limites, de ROBERT-LOUIS DREYFUS, pour assurer leur survie. Une situation d'autant plus alarmante que le contexte économique n'est pas favorable aux clubs nationaux. En France comme ailleurs, la manne télévisuelle ne va pas augmenter dans les prochaines années, les droits devant être renégociés à l'horizon 2004-2005. Et le statut fiscal reste toujours aussi défavorable. En France, pour payer un joueur 61 000 euros, un club doit en débourser 300 000, contre seulement 130 000 en Angleterre. La même comparaison restant valable avec l'Espagne et l'Italie. Autre problème, à l'étranger, les salaires sont nets d'impôts, alors qu'en France, le joueur ne touchera, à l'arrivée, que 24 200 euros, après la ponction fiscale. Ce ne sont pas les recettes du merchandising (locations de loges et ventes de produits dérivés) qui vont arranger les choses. Marseille récolte environ 11 millions d'euros grâce à cette activité annexe, soit presque 4 fois moins que Manchester United, leader mondial incontesté. Difficile, dans ces conditions, pour les clubs hexagonaux, de s'aligner sur les offres de leurs concurrents européens...

Ainsi, lorsque le Real Madrid s'est retrouvé dans le rouge, au début des années 90, c'est l'État espagnol lui-même qui s'est chargé d'éponger sa dette... Bref, les cadors du foot national, surtout à la suite de l'arrêt Bosman permettant d'embaucher un nombre illimité de joueurs issus de la Communauté européenne, se sont retrouvés faibles, incapables de résister à l'exode des vedettes hexagonales, parties en Angleterre, Italie, Espagne ou Allemagne, où elles peuvent espérer des salaires deux fois supérieurs à ceux qu'elles percevaient en France.

De fait, parmi les titulaires chez les Bleus, il n'y a guère que LEBŒUF (OM), et, de manière plus épisodique, DUGARRY (Bordeaux), qui évoluent dans notre championnat... Les clubs sont donc sur la corde raide, et les plus dispendieux ne peuvent plus se passer de la Coupe d'Europe (il faut savoir qu'une simple participation au premier tour de la *Champion's League* rapporte la bagatelle de 19 millions d'euros)...

| zoom 2 | Le club des riches

Le cabinet d'audit international Deloitte &Touche établit chaque année le hit-parade des clubs de foot les plus riches du monde. Un palmarès où figurent 2/3 de clubs anglais et italiens.

1. Manchester United : 171,20 millions d'euros
2. Real Madrid : 169 millions d'euros
3. Bayern de Munich : 146,53 millions d'euros
4. Milan AC : 136,75 millions d'euros

5. Juventus de Turin : 134,76 millions d'euros
6. Lazio de Rome : 121 millions d'euros
7. Chelsea (Londres) : 117 millions d'euros
8. FC Barcelone : 114,64 millions d'euros

9. Inter de Milan : 105 millions d'euros
10. AS Roma : 97,72 millions d'euros. Le premier club français, l'Olympique de Marseille, figure au 16ème rang, avec un chiffre d'affaires estimé à 79,27 millions d'euros.

L'obligation de résultat est telle que présidents, entraîneurs et joueurs ont les nerfs à vif à l'heure d'aborder les "matches couperets". Ce qui peut expliquer en grande partie de récents "pétages de plomb" ultra médiatisés.

> *La volonté de recruter à tout prix, en dépit des contraintes financières, a facilité les magouilles, dans un univers où l'argent coule à flots, et attire une armada de pirates jouant les entremetteurs.*

Ce petit monde au bord de la crise de nerfs s'est offert un crise de plus, lorsque le très contesté GÉRARD BOURGOIN, patron de la Ligue Nationale de Football (LNF) a été "démissionné" par son Conseil d'administration en avril 2002. C'est le juriste FRÉDÉRIC THIRIEZ qui assurera l'intérim, en attendant que le football pro hexagonal se choisisse une nouvelle figure de proue.

Par ailleurs, Vivendi et sa filiale Canal + sont déficitaires, et pourraient en avoir assez d'investir dans un PSG endetté et trop souvent décevant. Et, puisque la télévision refuse de payer le foot plus cher, GÉRARD BOURGOIN, alors encore le très contesté patron de la LNF (notamment en raison de sa volonté de se présenter à la députation au titre du CNI, un parti relativement proche du Front National), a eu une idée : il veut faire payer les retransmissions radios (comme cela se pratique ailleurs, notamment en Espagne). Il a même contacté la société IMG pour qu'elle se charge de la cession des droits. Mais MARIE-GEORGES BUFFET, ministre de la Jeunesse et des Sports, ne veut pas entendre parler d'une telle mesure, et demande aux radios de boycotter cet appel d'offres… que remportera RMC Infos. JEAN-FRANÇOIS LAMOUR, son successeur, cherchant pour sa part à maintenir un certain équilibre. Reste que le foot national comme international se doit aujourd'hui de clarifier et d'harmoniser ses sources de financement (voir encadré ci-dessous).

| zoom 3 | Foot européen : le temps des vaches maigres

Les clubs français ne sont pas les seuls à avoir des caisses vides… Mais jusqu'à présent, dans les autres pays européens, l'État s'était toujours montré d'une extrême mansuétude envers les fleurons du football national. Dans les années 90, le fisc espagnol avait même effacé la dette du Real… Mais les temps ont changé, et l'UEFA finira par créer l'équivalent continental de notre DNCG, organisme de contrôle de gestion. En effet, le projet de "Licence européenne", dont la naissance est prévue pour la saison 2004-2005, serait assorti de sérieuses contraintes financières. Non seulement les clubs devraient présenter un plan de trésorerie, pour éviter les situations de cessation de paiement (comme celle des Turcs de Galatasaray en 2001-2002), et payer les transferts à la date figurant sur les contrats, mais il leur faudrait surtout supprimer tout déficit, à moins de pouvoir bénéficier de garanties de recouvrement de la part d'une banque ou de leurs actionnaires… Dans l'état actuel des choses, si ces règles étaient appliquées, le Milan AC, avec ses 167 millions d'euros de dettes, serait au bord de la faillite. Le Real et l'Atletico de Madrid, auxquels le fisc ibérique réclame respectivement 54 et 50 millions d'euros, seraient, eux aussi, très mal en point… Du coup, anticipant cette menace, les cadors du foot continental, réunis au sein du G14 (dont font partie l'OM et le PSG) envisageraient des mesures d'économies drastiques. Avec notamment un plafonnement de la masse salariale, inspiré par l'exemple du "*salary cap*", en vigueur dans toutes les ligues du sport professionnel américain.

Si les clubs ont longtemps été de simples associations loi de 1901 (à but non lucratif !), ce sont désormais, depuis la loi Buffet de 1999, des SASP (Société Anonyme de Sport Professionnel) qui vivent de moins en moins sur les fonds publics (les subventions sont plafonnées alors que la loi Pasqua devait même les supprimer à l'échéance 2000)… Les clubs doivent donc atteindre l'équilibre financier qui passe par de nouvelles recettes, mais qui implique aussi une gestion plus raisonnable de leur budget…

- Portrait : BERNARD TAPIE, ou le Vieux Port de l'angoisse

Mais s'il fallait établir un "pont" entre les années 80 avec leurs présidents mégalos et les années 2000 avec leurs dirigeants à cran, un personnage s'impose : BERNARD TAPIE. Inoxydable, "NANARD" est revenu à Marseille, après sept ans de galères, ponctués par un séjour en prison, une mise sous tutelle par la justice et son patrimoine, et quelques "panouilles" au cinéma, sous le haut patronage de CLAUDE LELOUCH. Robert-Louis Dreyfus a fini par rappeler celui que toute une ville, nostalgique des victoires d'antan, réclamait depuis des mois. Reste à savoir si le patron d'Adidas ne regrette pas d'avoir un jour mis les pieds sur le Vieux Port. D'abord et surtout parce qu'il a déjà dû verser environ 1 milliard de francs sur sa cassette personnelle depuis 1996 pour combler les déficits et payer les transferts de sa "danseuse". Le tout sans décrocher le moindre titre national… Mais aussi parce qu'en termes d'image, le bilan s'avère encore plus catastrophique. L'affaire des comptes de l'OM, instruite depuis 1999, suit son cours, qui n'a rien d'un long fleuve tranquille. Un rapport datant de l'été 2001 évoque un déficit cumulé de 42 millions d'euros pour la période 1996-2000, et épingle surtout l'ancien entraîneur du club, le charismatique ROLAND COURBIS, parti depuis coacher Ajaccio, pour des transferts douteux, réalisés entre 1997 et 1999. Selon des informations révélées par l'hebdomadaire *VSD*, 4,72 millions d'euros auraient ainsi été détournés dans le cadre des transferts de RICARDO ROJAS, EDSON DA SILVA, TCHIRESSOUA GUEL,

FABRIZIO RAVANELLLI et ARTHUR MOSES… Dans le cas du défenseur paraguayen ROJAS, 580 000 euros ont été versés sur le compte d'un certain FRANCISCO OCAMPO, mandataire du club de Tacuary. Le joueur n'a jamais mis les pieds sur la Canebière, mais l'OM n'a jamais revu son argent… Quant au Ghanéen MOSES, ce sont au total plus de 1,9 millions d'euros qui auront été versés entre 1997 et 1998 au cabinet d'avocat allemand Engel et Tinmann. Jamais qualifié, lui non plus ne portera pas le maillot blanc frappé de la devise "Droit au but". À propos de cette dernière opération, la juge LAURE ROCHE note : « *Il apparaîtrait que le transfert du joueur* ARTHUR MOSES *ait donné lieu à une surévaluation, de manière à opérer des transferts de fonds à l'étranger…* ». Mais ce n'est pas tout ! BERNARD TAPIE est lui aussi visé par une enquête préliminaire du parquet de Marseille, à la suite d'une plainte déposée le 22 octobre 2001 par PIERRE DUBITON. Celui-là même qui signait les chèques à la place de TAPIE, ce dernier ayant été privé pour cinq ans de ses droits civils et civiques par la cour d'appel d'Aix-en-Provence, en juin 1998. Et des chèques, il en aura signé : pas moins de 58 mouvements de joueurs auront eu lieu en l'espace de quelques mois… TAPIE et DUBITON se détestaient et ne se privaient pas de le faire savoir. Quand ils ne s'insultaient pas, plus d'une fois ils ont manqué d'en venir aux mains. À l'automne 2001, ROBERT-LOUIS DREYFUS choisit son camp, et nomme un "chevalier blanc", l'ancien procureur d'Aix ÉTIENNE CECCALDI, dont le premier geste sera de virer DUBITON… Lequel ne part pas les mains vides… Et c'est ainsi que, quelques mois plus tard, des documents publiés par le magazine *VSD* montrent que certaines pratiques, comme la surévaluation, n'auraient pas disparu avec le départ de COURBIS. Des exemples ? L'avant-centre brésilien FERNANDAO, dont la valeur estimée dans son pays était de 791 000 euros a été acheté 4,2 millions d'euros par le club olympien… Quant à son compatriote DILL, proposé en avril 2001 à 2,58 millions d'euros, il est engagé, trois mois plus tard, par l'OM, moyennant 4,11 millions d'euros. Le montage complexe de ces opérations implique de nombreux intermédiaires, qui se servent tous au passage, et gonflent la note. Dans le cas de FERNANDAO, l'on a pu constater que TAPIE avait remis le pied à l'étrier à un certain GÉRARD SOLER, mentionné par l'agent officiel du joueur dans la négociation du transfert… Un Soler tout juste viré de Saint-Étienne, où il était tenu pour le principal responsable de l'affaire des faux passeports, concernant trois des "Verts", Alex, Aloisio et Levytsky, qu'il cherchait à faire passer pour joueurs communautaires en leur procurant des papiers bidon… Comme si ces amitiés particulières ne suffisaient pas, Tapie s'est trouvé des associés encore plus encombrants. Gilbert Sau et Jean-Luc Baresi se sont improvisés agents, et possédaient même, jusqu'en septembre 2001, un bureau dans les locaux de l'OM. Sau, plus connu comme pilote de rallye que comme agent jusqu'à ces dernières années, a encaissé la bagatelle de 1,7 millions d'euros de commissions cet été, grâce à la partie de bonneteau à laquelle se sont livrés les dirigeants marseillais. Bien que faisant l'objet d'un information judiciaire, il s'est encore occupé des transferts de Leroy vers le PSG, et des prêts à l'OM d'Alfonso (Barcelone) et Olembe (Nantes)… Quant à Baresi, agent agréé FIFA, au contraire de Sau, est plutôt connu comme étant le fils de l'une des "figures" du milieu local. Et, manque de chance, il vient d'être mis en examen pour extorsion de fonds et menaces de mort… Ceccaldi lui-même s'est inquiété de ces drôles de connections entre le club et les gangsters, et a mandaté Serge Scalet pour revendre la bagatelle de 20 joueurs ! Un Scalet qui déclarait en avril 2002, dans les colonnes du quotidien *L'Équipe* qu'il savait, de source sûre, qu'un joueur du club s'était un jour retrouvé coincé sur un parking de la rue Negresko. Là, des inconnus lui auraient expliqué qu'on lui casserait les deux jambes et que sa carrière serait "foutue" s'il ne changeait pas d'agent. Un épisode qui rappelle la mésaventure survenue dans la période 2001-2002 à Frédéric Dobraje, l'un des principaux agents français, qui avait le tort de ne pas vouloir laisser "qui de droit" se charger des affaires d'un joueur.

Le métier d'agent à Marseille semble avoir davantage relevé du proxénétisme que du simple commerce…

Et le moins que l'on puisse dire, c'est que le retour de BERNARD TAPIE à la tête du club n'a pas assaini les choses. Revenu aux affaires en avril 2001, une année aura suffit avant qu'il ne redevienne acteur puis animateur sur TF1... Si tenté qu'il ait jamais cessé de l'être... Et, pour se distraire, il pourra toujours jouer au recruteur. Son fils STÉPHANE et BERNARD LAROCHE, le comptable condamné dans la première affaire des comptes de l'OM, viennent en effet de passer les examens pour devenir agents de joueurs... Mais, même s'il est en instance de départ, le feuilleton judiciaire se poursuit. Le 15 avril dernier, le SRPJ de Marseille perquisitionnait au siège du club, saisissant les dossiers de 5 joueurs, qui ont été entendus dans les jours qui ont suivi. Il s'agissait de MEITÉ, FERNANDAO, LEROY, NOUMA et CHAPUIS. Et, pendant que les policiers s'affairaient, ROBERT-LOUIS DREYFUS nommait un nouveau patron à la tête d'ÉRIC SOCCER, une société qui détient la majorité des parts de l'OM. ROBERT-LOUIS DREYFUS a choisi un journaliste local, passé ensuite au *Nouvel Observateur*, CHRISTOPHE BOUCHET, grand spécialiste et vieille connaissance de... BERNARD TAPIE sur lequel il a écrit deux ouvrages. Bref, quoi qu'il puisse arriver au prochain épisode, Marseille sera toujours Marseille, et ce contexte pourri ne risque pas d'inciter des investisseurs à se lancer à la conquête de la Canebière, même si la ville ne respire et ne vit que pour son club... Pourtant, de l'argent frais serait le bienvenu, et pas seulement à l'OM (voir l'encadré ci-dessous).

| zoom 4 | **La bourse ou la vie ?**

Les patrons de grosses écuries nationales ont longtemps cru que leur salut viendrait du Palais Brongniart, réclamant le droit d'être introduit en Bourse, comme leurs confrères étrangers. MARIE-GEORGES BUFFET, lorsqu'elle était leur ministre de tutelle, a toujours opposé un refus motivé, selon elle, par des raisons plus économiques qu'idéologiques. Et il faut bien avouer que les exemples venus d'ailleurs ont de quoi rendre réticents.

On peut se dire qu'en ouvrant leur actionnariat les clubs vont trouver de quoi financer l'équipe de leur rêve. L'ennui, c'est que le foot est un secteur à haut risque, et se trouve d'ailleurs considéré comme tel à la Bourse de Londres où il possède même son indice, le Soccer Investor Global Football Index...

En clair, les petits porteurs se retrouvent à la merci d'un mauvais résultat ou de la blessure d'un joueur vedette. Un aspect aléatoire encore plus grand en France où, au contraire de l'Angleterre, les clubs ne sont pas propriétaires de leur stade (Auxerre étant l'exception qui confirme la règle), et ne peuvent pas non plus faire valoir le "capital confiance" incarné par plus de 100 000 "socios" abonnés, fidèles à leurs couleurs, comme le Real ou le Barça en Espagne... Quant aux résultats purement comptables, ils ne sont guère encou-rageants. Depuis l'introduction en Bourse de Tottenham en 1983, ils sont au total 38 à avoir tenté l'aventure boursière (23 en Angleterre, 5 au Danemark, 3 en Italie, 2 au Portugal et en Écosse, 1 en Allemagne et aux Pays-Bas). Et, pour l'instant, seules 5 de ces actions se retrouvent au-dessus de leur cours d'introduction. Celles de FC Copenhague, Tottenham, Manchester United, Sheffield United et West Bronwich Albion... Pire, après le temps des vaches grasses, au milieu des années 90, même des clubs en forme perdent de leur valeur. Ainsi, l'action de l'AS Rome champion d'Italie 2001, a perdu 50 % de sa valeur, et celle des Anglais d'Arsenal a chuté de 34 %, malgré une situation sportive et financière florissante... Pas de quoi pavoiser donc, ni d'inciter les clubs français à tenter l'aventure. Et pourtant, de Lens à Lyon, leurs présidents sont toujours partants...

---

b. Autour des circuits de Formule 1

- Portrait : ALAIN PROST, la sortie de route d'un champion

Et s'il est bien un autre sport où les budgets semblent incontrôlables, c'est la Formule 1... Le "ticket d'entrée" dans les stands n'a pas cessé d'augmenter ces dernières années. Les grosses écuries, comme Mc Laren et Ferrari, ont des budgets respectifs de 305 et 230 millions d'euros. Un cran en dessous, williams BMW et Bar-Honda tournent autour des 200 millions d'euros. Quant aux autres écuries, elles ont bien du mal à exister, ainsi que l'a démontré récemment le "flop" retentissant de l'écurie Prost Grand Prix, qui, avec ses 53 milllions d'euros, faisait vraiment figure de parent pauvre dans ce monde de milliardaires. Pourtant, si quelqu'un semblait bien armé pour réussir dans la catégorie reine du sport automobile, c'était sans aucun doute ALAIN PROST… Quintuple champion du monde, vainqueur de 51 Grands Prix (un record dont l'a dépossédé MICHAEL SCHUMACHER), le Français n'a pas été surnommé pour rien "Le professeur"… Mais sa science de la course et ses relations dans le "milieu" n'auront pas suffi… Le 22 novembre 2001, il a fini par jeter l'éponge ; quatre ans après avoir repris l'écurie Ligier, laissant derrière lui une dette de plus de 30 millions d'euros… Restait à savoir comment celui que tout le monde présentait comme "l'homme providentiel", capable de faire triompher les couleurs nationales, a pu devenir aussi vite un "loser"… Au début, les sponsors se bousculaient au portillon : Peugeot, Total, Alcatel, Dassault Systèmes, Bic, Canal +, Gauloises… Et sa première saison, avec le moteur Mugen-Honda, s'avéra plutôt prometteuse. Mais la suivante, avec pour partenaire Peugeot, fut un désastre, par la faute d'une boîte de vitesses trop fragile. JARNO TRULLI ne marqua qu'un seul et maigre point pour l'écurie de Guyancourt. Et la saison 2000 aura été celle du divorce avec Peugeot, motoriste déçu, et d'une alliance en désespoir de cause, avec Ferrari, dont la mécanique se montrera bien moins performante sous le capot bleu que sous la calandre rouge frappeur du cheval cabré. Car en fait, l'échec de PGP (Prost Grand Prix) n'est qu'une histoire de dépit amoureux. Chez les ingénieurs, ses vieux complices BERNARD DUDOT, JOHN BARNARD et ALAN JENKINS n'ont pu le sortir de sa mauvaise passe. Côté pilotes, ils auront été huit à se succéder en cinq saisons, et les ruptures auront été parfois brutales. Personne n'a oublié le divorce entre PROST et ALESI au beau milieu de la saison 2001… Côté actionnaires, la stabilité n'a pas non plus été de mise. Après avoir voulu tout contrôler lui-même, PROST a dû se faire une raison, et tenter un montage financier pour le moins hétéroclite… LV Capital, le fonds d'investissement du groupe de luxe LVMH, est un actionnaire très minoritaire (5,8 %), de même que Yahoo (2,9 %), le roi de l'Internet. UFA Sport, filiale marketing du groupe allemand Berstelmann, avait promis de ramener 50 millions de dollars de recettes sponsoring. Estimation qui s'est avérée pour le moins optimiste… Et c'est finalement le richissime papa du pilote brésilien PEDRO DINIZ qui a mis la main au portefeuille, en achetant 40 % des parts de l'écurie de Guyancourt.

Si cela a permis de payer les moteurs Ferrari en 2001, le bricolage financier n'aura pas résisté à des résultats toujours aussi décevants. Rarement dans les points, jamais sur le podium, pas souvent à l'arrivée, les monoplaces bleues n'avaient vraiment rien pour séduire des bailleurs de fonds potentiels.

Et ALAIN PROST est sorti de route en janvier dernier : son "bébé" a été mis en liquidation par maître FRANCK MICHEL. Et c'est finalement un homme d'affaires britannique, CHARLES NICKERSON, qui a raflé la mise pour la somme, plutôt modeste, de 2,56 millions d'euros. Derrière ce novice se cache un vieux routier des circuits : TOM WALKINSHAW, patron de TWR et de l'écurie de F1 Arrows. Et, pendant que ses repreneurs tentaient, en vain, d'obtenir le droit de s'aligner dans le Grand Prix de Malaisie, à Sepang, ALAIN PROST lézardait sous le soleil de l'île Maurice, loin du bruit et de la fureur des moteurs… Bien sûr, l'on pourra toujours penser, comme RON DENNIS, propriétaire de l'écurie Mc Laren, que PROST a sous-estimé l'ampleur de la tâche qui l'attendait, et crut que son passé de pilote lui permettrait de s'imposer très vite… Mais son échec n'est pas unique : NICKY LAUDA, autre ancienne gloire des circuits, comme d'autres "teams" frise chaque année l'asphyxie financière, avec des coûts de fonctionnement en hausse constante pour une "visibilité" pas toujours évidente…

- Portrait : BERNIE ECCLESTONE, caïd de la F1

Des perspectives qui ne sont pas faites pour rassurer le "Petit Napoléon" (1,57 m) de la F1, BERNIE ECCLESTONE. Pourtant, rares sont ceux qui savent gérer leur argent aussi bien que cet ancien laborantin et vendeur de voiture, devenu la 9ème fortune du Royaume-Uni, devant ELTON JOHN et PHIL COLLINS, par la seule grâce du sport automobile. Celui qui a commencé en F1 dans les années 70, comme *team manager* de l'écurie Brabbham tout en vendant les espaces publicitaires autour des circuits, a fini par mettre la main sur toute la discipline.

> *Avec l'aide de son ancien avocat, MAX MOSLEY, devenu Président de la FIA dans les années 80, la FOA, International Sportworld Company (ISC) et la Slavia Ecclestone Corporation (SLEC). BERNIE contrôle tout : voyages, accréditations, retransmissions TV, jusqu'aux baraques à frites autour des circuits, via les différentes filiales de son empire.*

Cette dernière gère les droits de retransmissions des Grands Prix dans 202 pays. Et si, en 2001, il avait cédé pour environ 2 milliards d'euros, 75% de cette filiale à la firme bavaroise Kirch, la mauvaise santé de l'opérateur allemand, plombé par près de 7 milliards d'euros de perte l'an dernier, et dont la branche principale, KirchMedia, a fait faillite en mai 2002, entraîne une redistribution des cartes pour un prix bien différent. Les bonnes nouvelles n'arrivant jamais seules, cela lui évita aussi une très mauvaise surprise. Car Kirch avait envisagé un temps de céder ses actions à l'Association des Constructeurs Européens d'Automobiles (ACEA)... Ceux-là même qui menaçaient de monter un championnat concurrent à la Formule 1, à l'échéance 2006... BERNIE s'en est donc, encore une fois, plutôt bien sorti dans cette affaire. Et son patrimoine vaut de l'or... Qu'on en juge : à l'automne 2001, il a cédé 12,5% de son empire en F1 à Morgan Grenfell Private Equity, une filiale de la Deutsche Bank, contre un chèque de 325 millions de dollars, avec une option sur 37,5% de plus. Soit au total 2,6 milliards de dollars pour la moitié des parts (les seuls droits TV générant 1,4 milliards de recettes)... Mais si BERNIE, à 70 ans passés, ne compte toujours pas dételer, il lui reste deux virages difficiles à négocier. Tout d'abord l'introduction en Bourse de la F1 (sans doute à Londres ou à New York), dont il rêve depuis des années.

> *BERNIE s'est très vite heurté à la méfiance du commissaire à la concurrence de la Commission européenne de Bruxelles, qui voyait dans son dossier l'un des plus grands cas d'abus de position dominante qu'il lui ait été donné d'observer.*

Un peu comme si le patron d'une entreprise de BTP était aussi le politique qui décidait des grands travaux à entreprendre...

> *Le commissaire avait repéré quelques bizarreries juridiques : comment BERNIE avait-il pu obtenir l'exclusivité des droits TV pour 25 ans, quand d'ordinaire ces contrats ne courent que sur 5 ans ? Comment pouvait-il être chargé de la promotion des championnats FIA, alors que cette même fédération est, selon ses statuts, une association à but non lucratif ?*

Depuis, VAN MIERT est parti, mais le projet d'introduction en Bourse est toujours dans ses cartons... Autre source d'inquiétude pour ECCLESTONE et l'ensemble des patrons de la F1 : la fin prochaine du sponsoring par les cigarettiers, qui étaient pourtant, avec les pétroliers, les plus généreux donateurs du sport automobile... Conformément aux dispositions d'une directive des États membres de l'Union européenne, la publicité sur les tabacs sera en effet interdite par la FIA à la fin de la saison 2006... La loi Evin en France, et ses avatars en Belgique et en Grande-Bretagne, pose déjà des problèmes aux écuries, qui doivent masquer les logos de ces partenaires indésirables sur les calandres de leurs monoplaces lors des Grands Prix disputés dans ces pays antitabac. Cela a même bien failli provoquer l'annulation du Grand Prix de Grande-Bretagne cette saison... et inciter BERNIE à monter des Grands Prix sous des cieux plus cléments pour les fumeurs, comme Bahrein, Moscou (une épreuve pourrait s'y dérouler dès 2004) ou la Chine... Mais cette fois, plus de doute : la F1 tire sur ses dernières cigarettes. L'histoire d'amour entre le cow-boy Marlboro et le cheval cabré de Ferrari se termine. Et les écuries de Formule 1 vont perdre dans l'affaire une manne d'environ 350 millions de dollars par an... Elles ont d'ailleurs déjà commencé à chercher des sources alternatives à cet encombrant parrainage... Mais il n'est pas du tout certain que leurs patrons aient tous la faculté d'adaptation et la roublardise (pour ne pas dire plus) d'un BERNIE ECCLESTONE... Un BERNIE qui sait compter et manœuvrer mieux que les autres, mais ne cherche pas à séduire ou à se faire aimer. Le style bateleur de foire, il le laisse à d'autres. Et dans cette catégorie, personne sans doute ne peut égaler DON KING, roi des bonimenteurs et du "boxing business"...

c. Entre les cordes d'un ring

- Portrait : DON KING, roi des bateleurs

Il suffit de jeter un coup d'œil sur le site Internet dédié à sa gloire, pour mieux cerner le personnage. Son titre "Only in America", aux couleurs de la bannière étoilée, donne le ton d'une "success story" hagiographique. Celle d'un militant des droits civiques qui triomphe du racisme et de l'adversité pour devenir le porte-parole millionnaire des Afro-Américains, l'histoire d'un type sorti du ghetto de Cleveland pour devenir le plus grand promoteur de combats de l'histoire de la boxe. Autant d'évidences étayées par une pluie de records (celui du match le plus cher de l'histoire, des plus grosses recettes du "pay per view" (paiement à la séance), du plus grand nombre de spectateurs)... Tout est hors-normes chez l'homme à la coiffure en pétard, tout est "énorme", à commencer par son ego... Mais ce que ce site ne mentionne nulle part, ce sont les débuts dans la vie de ce gamin de Cleveland, boxeur honnête et parieur invétéré, qui passa quatre ans en prison pour avoir, en 1954, battu à mort un bookmaker qui refusait de lui verser son dû… Il n'évoque pas non plus, par exemple, comment KING a été poursuivi par les Lloyd's de Londres pour fraude aux assurances. En effet, en 1991, à la suite de l'annulation du combat CHAVEZ-BRAZIER, le promoteur avait demandé à son comptable (un certain JOSEPH MAFFIA !) de trafiquer son contrat pour que les assurances remboursent à CHAVEZ 350 000 dollars de frais d'entraînement. Une somme dont le boxeur n'a bien sûr jamais vu la couleur… Quant aux accointances de KING, elles sont, somme toute, dans l'ordre des choses.

> *Aux États-Unis, les grands combats s'organisent surtout dans les casinos de Las Vegas (Nevada) et parfois entre les salles de jeux d'Atlantic City, sur la côte est. Deux cités qui ne sont pas franchement gérées par des associations de paroissiens à but non lucratif…*

Et même si l'on déteste KING, personne ne peut contester son talent de *showman*… Un don qui lui a sauvé la mise lorsqu'il s'est mis en tête de monter le "combat du siècle", ALI-FOREMAN, en 1974. ALI, alias CASSIUS CLAY, sortait tout juste de prison, condamné pour avoir refusé de combattre au Viêtnam, et le match contre le géant FOREMAN ne passionnait pas que les seuls fondus de boxe. Pour organiser ce choc des titans, King, qui débutait dans le métier, avait promis à ses deux poulains une bourse supérieure à 5 millions de dollars, du jamais vu à l'époque. L'ennui, c'est qu'à quelques semaines de l'échéance, ses bailleurs de fonds se sont désistés. Pourtant, sans se démonter, KING s'est débrouillé pour trouver de nouveaux soutiens, et a eu un vrai coup de génie : organiser la rencontre à Kinshasa, au Zaïre, le fief du très contesté et contestable Président-dictateur MOBOTU. Du coup, le combat prend des allures de retour aux sources : l'histoire d'ALI, le rebelle afro-américain revenant sur la terre de ses ancêtres… Pour la première fois dans l'histoire du sport, le continent noir a toutes les caméras braquées sur lui. Et ALI est au moins aussi à l'aise devant les projecteurs que sur un ring. Il "chambre" mieux qu'un rappeur, harangue la foule, qui en a fait son héros, joue les cogneurs prédicateurs. FOREMAN n'existe même pas… Pas plus d'ailleurs qu'il ne pourra résister aux piqûres de "La guêpe", lors d'un affrontement de légende. Et, malgré le bouillonnement médiatique entourant l'événement, KING reste "cool", presque aussi bon *showman* qu'ALI lui-même, (il a même joué dans *When we were kings*, un documentaire exceptionnel sorti en 2002). Avec ce combat épique, il avait compris que pour captiver les foules, un match de boxe ne pouvait pas être un simple échange de coups de poings entre deux puncheurs. Il fallait, comme cela se pratique d'ailleurs au catch, lui donner une autre dimension, le scénariser pour en faire une bataille à mort entre le bon, la brute ou le truand… Et la recette KING met le public en appétit. S'il se sert largement au passage, aucun de ses partenaires n'est à plaindre… Surtout pas MIKE TYSON qui, grâce à lui, aura gagné pas moins de 120 millions de dollars en l'espace de quinze mois et de six combats… Lui aussi sortait de prison à l'époque, comme si KING, l'ex-taulard, s'était spécialisé dans la réinsertion des prisonniers poids lourds… Une série qui s'est achevée par sa première rencontre avec le champion du monde en titre, le "gentil" EVANDER HOLYFIELD. Un combat que KING avait poétiquement baptisé : « Le bruit et la fureur ». Cet art de la mise en scène lui a certes permis d'amasser une fortune estimée à plus de 700 millions de dollars et de battre tous les records en matière de gains. Sa société, Don King Productions, a organisé les 10 événements les plus juteux de l'histoire du *"pay per view"*. Il a aussi monté 12 des 20 combats les plus populaires dans l'État du Nevada (donc de Las Vegas), et fait gagner des bourses supérieures à 1 million de dollars à plus de cent boxeurs… Bref, en tant que promoteur, KING n'a pas d'égal, pas même le célèbre BOB ARUM…

Mais son système n'a pas fait que du bien à la boxe. Pour "faire monter la sauce" et préserver ses favoris, il leur a souvent opposé des "tocards" ventrus, plus entraînés à la bière qu'au footing, et dont on pouvait parfois se demander s'il n'avait pas été les chercher dans un bar la veille du combat… Quant aux conférences de presse musclées, elles étaient ponctuées d'insultes et de pêches bien mûres entre des adversaires pressés d'en découdre.

Le "noble art" revisité par KING tient souvent du Grand Guignol… Mais il sait le vendre mieux que personne.

| entretien | STÉPHANE CANARD, agent de sportifs

Il est le premier agent français à avoir reçu l'agrément FIFA. Patron de la société Asport, STÉPHANE CANARD, 41 ans, gère, entre autres, les carrières de ZOUMANA CAMARA (Lens), VINCENT CANDELA (AS Roma) et STÉPHANE DALMAT (Inter de Milan). Il évoque pour nous une profession d'autant plus décriée que ses mécanismes sont méconnus.

Quand avez-vous décidé de devenir agent ?

J'ai toujours été dans le football, jusqu'à devenir Président du club de Rodez (deuxième division). En 1991, j'ai quitté Rodez pour créer Asport, et m'occuper des destinées des joueurs. Comme dirigeant, j'avais toujours eu du mal à identifier mes interlocuteurs. Car à l'époque, n'importe qui s'occupait de joueurs. Il y a 10 ou 15 ans, j'avais des bouchers, des médecins, un dentiste, un assureur… Dès que quelqu'un repérait un joueur, il appelait les clubs.

Dès la création de Asport, on a tout de suite voulu, mon associé ALI RASHEDI et moi, apporter une crédibilité : constitution d'une Société Anonyme avec une vingtaine d'actionnaires.

Est-ce dur de démarrer ?

Oui. Le principe premier est de passer son temps à appeler les clubs pour leur proposer, inlassablement, des joueurs. De fait, il y a une connotation de "marchand de viande" qui nous déplaisait. Pour éviter d'engorger les fax et les standards des présidents, on a diversifié notre offre. Tout en proposant des joueurs, nous avons aussi organisé des stages qui ont été très appréciés, préparé des rencontres avec des équipes étrangères, co-organisé des tournois. Du coup, on appelait tous les jours les clubs mais pour des produits différents. On ne lassait pas…

Parlons de votre première activité, les joueurs.

Comme nous étions installés à Bordeaux, nous avons commencé par repérer les joueurs du grand Sud-Ouest. Très vite, nous avons eu Casagrande, Laurent, Trévisan et Cissé à proposer. Ce sont eux, plus que nous, qui ont fait notre communication, particulièrement Candela. Aujourd'hui, on représente soixante joueurs qui ne veulent passer que par nous.

Comment décidez-vous de vous occuper d'un joueur ?

D'abord, on sillonne la France pour repérer un peu partout les talents. À une exception près, nous ne recrutons qu'à partir de 18 ans, ça reste plus simple. Ensuite, c'est une question de confiance, de discussion. Notre rôle est d'aider le joueur à grandir, à s'épanouir.

Et ils le comprennent très bien ! À partir de là, nous signons un contrat. Et on passe toujours en direct ! Pas d'intermédiaire surtout !

Par ailleurs, je suis soucieux d'écouter les familles, juger de leur investissement. Tous savent ce que les jambes de leur fils représente. De notre côté, nous nous attachons à recruter des joueurs sérieux. Par exemple, j'ai dernièrement refusé un joueur parce que sa mère mettait la pression pour le voir plus souvent sur le terrain. C'est à nous de juger de cette opportunité, pas à la famille. Là, je pressentais que nous serions allés

au devant d'un problème. Les parents omniprésents, on ne prend pas.

Que représente le marché ?

80 % des joueurs de D1 ont un agent, faites le compte. Nous, nous sommes trois pour 60 joueurs, c'est bien suffisant, nous ne cherchons pas à grandir plus.

Légalement, comment s'installe-t-on agent ?

À l'époque où j'ai obtenu la licence FIFA, il fallait avoir un casier judiciaire vierge, des attestations de bonnes mœurs et déposer une garantie de 850 000 francs. Depuis un an, la FIFA a délégué aux fédérations nationales son pouvoir sur les agents. C'est donc maintenant une licence FFF que je détiens.

Elle est d'ailleurs très critiquée...

Si la volonté était de diviser pour mieux régner, je crois que c'est réussi. La FFF a assoupli les règles, et fait passer des examens réguliers. Nous étions 50 en France à nous répartir le marché en bonne intelligence, et depuis septembre 2001 nous sommes passés à cent. À la fin 2002, il pourrait y en avoir 250 en plus! Va-t-il finir par y avoir plus d'agents que de joueurs ?

Que risque-t-on ?

Du côté des agents, ceux qui ne représenteront que deux ou trois joueurs vont essayer de les changer de clubs tous les six mois s'ils veulent vivre. Merci pour l'unité des équipes ! Un joueur peut se révéler avec le temps, dans une ambiance adéquate... Quant aux clubs, ils vont se retrouver confrontés à un flot de propositions.

Les joueurs ne risquent-ils pas de changer très souvent d'agent ?

Chez les autres peut-être, mais pas chez nous ! D'abord, il faut tordre le cou à l'idée reçue selon laquelle les joueurs seraient simplets. Ce sont au contraire des gens sérieux, réfléchis, conscients de leurs défauts et qualités. STÉPHANE DALMAT, à mon sens, en est une incarnation vivante. Il sait très bien ce que nous pouvons lui apporter, et n'aurait pas l'idée de nous quitter pour un zéro de plus, s'il sait qu'à long terme ça n'est pas dans son intérêt. Si demain lui ou un autre n'accepte plus le deal et veut qu'on le caresse dans le sens du poil, c'est nous qui le virerons, pas lui qui partira !

Maintenant, il se trouvera bien des joueurs qui en profiteront et changeront d'agent à la première remarque désobligeante.

Ne risque-t-on pas une nouvelle flambée des prix des joueurs ?

La surenchère salariale est permanente. Je ne crois pas qu'elle s'accélère de ce fait. Elle est née du jour où on s'est rendus compte qu'en France nous avions la meilleure formation. Du coup, tout le monde a voulu faire monter les jeunes trop vite. On les a fait partir trop tôt à l'étranger, on les a choyés, gâtés... Bref, on leur a laissé penser qu'ils étaient déjà des stars. Cela donne ANELKA. De plus, comme les clubs français ne peuvent plus payer, on a 70 joueurs à l'étranger.

Cela ne va pas vous aider à reconquérir le cœur des amoureux du foot.

Nous avons mauvaise réputation, et je n'en remercie pas le journal l'Équipe. Bien sûr, il peut y avoir des mouvements financiers douteux, des arnaques. Parlons un peu de la majorité des agents qui font honnêtement leur boulot.

Jouons la transparence, donc. Combien gagne un agent ?

Dix pour cent de la transaction. On est payés par les clubs, et non par les joueurs, ce qui aurait créé des difficultés juridiques.

De fait, nous continuons à nous occuper du joueur et à l'assister durant toute la durée de son contrat. Les clubs nous mensualisent, sur la base d'un forfait, pour s'occuper de nos joueurs, plutôt que de nous payer d'un seul coup. Mon exercice de l'année s'est clôturé à 14 millions de francs, dont 10 avant impôts.

CHAPITRE 4

Les hommes-sandwiches en croquent !

Les premiers habillent les sportifs pour l'hiver comme pour l'été. Les seconds imposent leur griffe sur le moindre espace libre, et couvrent de la tête aux pieds leurs hommes et femmes-sandwiches au palmarès copieux...
Équipementiers et sponsors sont prêts à payer très chers pour monter sur les podiums et brandir des coupes par procuration.
Mais toutes les stratégies ne sont pas gagnantes !

Selon une étude réalisée par le cabinet Sponsor-Click, ce sont la bagatelle de 29,7 milliards d'euros qui auront été investis dans ce secteur pour la seule année 2000, dont environ 1 milliard en France. Reste à savoir si, au-delà de ces chiffres plutôt encourageants, tous ceux qui misent sur le sport s'y retrouvent vraiment, en termes de visibilité et de notoriété, dans un domaine où il est extrêmement difficile de mesurer l'impact d'un partenariat. D'autant que le lien logique entre une marque et un athlète n'est pas du tout le même selon que vous soyez équipementier ou "purs" sponsors. Dans le premier cas de figure, vous habillez les champions de pied en cap. Dans l'autre, vous essayez seulement de vendre des pizzas, des montres, voire des ordinateurs, sur la seule foi de leur réputation... Un pari plutôt hasardeux, qui peut aussi vous inciter à vous associer à des événements, comme les Jeux Olympiques ou la Coupe du monde de football...

1. Les équipementiers

a. Une bagarre sans merci entre concurrents

Depuis que le tennisman américain STAN SMITH a été le premier à signer un contrat de sponsoring avec Adidas, dans les années 70, ses successeurs ont pu faire jouer à fond la concurrence pour tirer partie de leurs performances. Ce sont aujourd'hui trois multinationales qui se livrent une lutte sans merci pour s'attacher les services des athlètes et des équipes les plus médiatiques de la planète. Les Américains Nike et Reebok, titillés par Adidas (la marque d'origine franco-allemande fondée par ADI DASSLER), se livrent bataille sur tous les terrains.

*Aujourd'hui, ce sont les trois multinationales américaines
Nike et Reebok et Adidas qui se livrent une lutte sans merci
pour s'attacher les services des athlètes et des équipes les
plus médiatiques de la planète.*

À lui seul, ce trio engrange les 2/3 des 25 milliards de dollars
annuels de chiffres d'affaires réalisés par l'industrie du sport. Nike,
avec 8,7 milliards de dollars de recettes en 1999, récolte à lui seul
plus du tiers de cette manne, Adidas et Reebok détenant pour leur
part entre 20 et 25 % des parts de ce marché florissant. Puma, placé
principalement dans les domaines du *running* (la course à pied) et,
plus récemment, du football (la marque compte notamment parmi
ses clients NICOLAS ANELKA) se retrouve loin derrière ses rivaux, avec
10 et 11 % de ces précieuses parts.

zoom 1 | Le hit-parade des marques

Fin 1999, les chiffres d'affaires respectifs des trois géants du "sport business", étaient les suivants (à noter que Puma, N°4 mondial, est loin derrière, puisqu'il vient tout juste d'atteindre, deux ans après le milliard d'euros, soit 6,56 milliards de francs:

1. Nike : 53 milliards de francs
2. Adidas : 33 milliards de francs
3. Reebok : 18 milliards de francs

D'autres marques, comme, par exemple, le Japonais Mizuno sur le
golf et le volley-ball, Salomon (du groupe Adidas) et Rossignol sur le
ski, Fila sur le tennis, ou encore le scandinave Koho pour le hockey
sur glace, se concentrent sur des "niches", et ne cherchent pas à
développer d'onéreuses stratégies globales. La bataille fait donc rage,
pour l'essentiel, sur les quelques disciplines les plus médiatiques.
Avec, parfois, des conséquences bizarres et d'interminables palabres
pour tenter de concilier les intérêts des sportifs et ceux de leur fédé-

ration… La France n'a d'ailleurs pas été épargnée par ce genre de tempêtes…

En football, quelques mois avant la Coupe du monde 1998, certains des plus éminents titulaires de Bleus avaient, parmi les premiers, signé des contrats chaussures avec des équipementiers, à titre personnel. L'ennui, c'est que les marques concernées n'étaient pas celle choisie par la FFF, en l'occurrence Adidas. Résultat : les joueurs, contraints de porter les souliers de la marque aux trois bandes, avaient décidé de noircir au cirage ces signes distinctifs, histoire de ne pas trahir leur parole…

Plus récemment, juste avant les Jeux Olympiques de Sydney, c'est une affiche à la gloire de l'équipe de France d'athlétisme qui a illustré ces conflits d'intérêts. Car, parmi les athlètes présentés sur ce visuel, ne figurait aucune des chances de médaille du clan tricolore… Et pour cause ! Les sprinteuses CHRISTINE ARRON et MARIE-JOSÉ PÉREC avaient Reebok pour partenaire. L'heptathlonienne EUNICE BARBER, le *hurdler* STÉPHANE DIAGANA et le perchiste JEAN GALFIONE roulaient pour Nike, alors que le sponsor officiel du Comité National Olympique et Sportif Français (CNOSF) et de la FFA (Fédération Française d'Athlétisme) n'était autre qu'Adidas…

Un dilemme qui ne concerne d'ailleurs plus que les seuls équipementiers. ZINEDINE ZIDANE a en effet signé un contrat, d'un montant estimé à 3 millions d'euros, avec l'opérateur de téléphonie mobile Orange. Alors que les Bleus, dont il est la star, défendent les couleurs de SFR…

Cette bagarre sans merci autorise même les coups bas du "ambush marketing", qui consiste à faire sa promotion au détriment du partenaire officiel d'un grand événement sportif. Des méthodes douteuses qui sont devenues monnaie courante dans l'univers du sport au cours des années 90.

En 1992, alors que Reebok est le fournisseur attitré des équipes olympiques américaines pour les Jeux de Barcelone, Nike contourne l'obstacle en s'associant à la sélection nationale d'athlétisme, une "vitrine" idéale, au mépris du contrat d'exclusivité signé par son concurrent. Quatre ans plus tard, lors des J.O. d'Atlanta, la marque de PHIL KNIGHT récidive. Trouvant le "ticket d'entrée" de sponsor officiel (autour de 100 millions de francs minimum) un peu excessif à son goût, elle parraine un parc d'attractions dans la capitale géorgienne, dans l'espoir de voler, une fois de plus, la vedette à Reebok.

b. Une exigence à la hauteur des sommes investies

L'équipementier a un pouvoir quasi absolu sur ses "filleuls".

L'exemple le plus frappant est sans aucun doute l'intervention de Nike auprès des officiels brésiliens, à quelques heures de la finale de la Coupe du monde 1998. Un contrat signé en 1996 lie en effet pour 10 ans, moyennant la coquette somme de 160 millions de dollars, la firme de l'Oregon et les footballeurs "*auriverde*". Un accord qui comportait une clause secrète, qui n'a été que récemment révélée. Une clause qui garantissait à Nike la présence sur le terrain « Des huit meilleurs joueurs du moment ». Et, comme par hasard, RONALDO a joué la finale contre les Bleus au Stade de France, quelques heures seulement après avoir été pris de convulsions, et avoir fait un détour par le service des urgences de la clinique des Lilas… Des circonstances si troublantes que le joueur a dû, trois ans plus tard, s'expliquer devant une commission d'enquête créée par les députés brésiliens…

Malgré quelques contrats spectaculaires, les marques se protègent de mieux en mieux contre d'éventuelles désillusions car les contrats sont souvent de plus en plus complexes, et incluent des clauses de performances (dépendant des résultats de l'athlète lors des grandes échéances de la saison) qui permettent d'indexer, à la hausse comme à la baisse, les primes annuelles.

C'est aussi le moyen de se prémunir contre une blessure de longue durée, qui peut coûter très cher à l'équipementier… Lorsqu'un champion est sur le déclin, les divorces à l'amiable deviennent aussi de saison. PETE SAMPRAS, sans conteste le meilleur joueur de tennis des années 90, en a fait les frais. Nike vient en effet de rompre avec l'Américain, après 8 ans de collaboration, qui auraient tout de même rapporté au total plus de 80 millions de dollars à "Pistol PETE"…

Autre conséquence logique de cette course aux armements, les sportifs gagnent de mieux en mieux leur vie. Le basketteur des Philadelphia 76ers, ALLEN IVERSON, vient même de signer un contrat à vie avec Reebok, qui, lors de leur précédent "deal", en 1996, lui avait déjà offert 56 millions d'euros sur 10 ans.

Mais il n'est pas du tout certain que les marques retrouvent leur compte dans cette escalade… Tout d'abord parce qu'il n'est guère évident de mesurer l'impact réel de ces partenariats, même si les enquêtes de notoriété fournissent des indices assez pertinents. Mais aussi parce que le lien entre les sommes englouties chaque année par le sponsoring (6 milliards de francs pour Nike, 2,4 milliards pour Reebok) et les performances des marques n'a rien d'évident.

c. Un danger : se tromper de stratégie…

Mais le sport est bien le domaine de la communication par excellence, et il s'agit pour les équipementiers de choisir celle qui sera le plus "en phase" avec leur clientèle.

Pour les trois cadors du marché, le choix est assez vite fait : il leur faut des "locomotives", qui leur garantissent une visibilité mondiale. Pour les autres, le choix est plus subtil.

Ainsi, pour une marque comme Puma, qui réalise l'essentiel de ses recettes dans le *running*, engager des vedettes du tartan comme l'étaient, à la fin des années 90, les athlètes britanniques LINFORD CHRISTIE (champion olympique sur 100 m) et COLIN JACKSON N°1 mondial sur 110 m haies), ou encore l'Allemande HEIKE DRESCHLER (qui a collectionné les titres mondiaux et olympiques sur 100 m, 200 m et en saut en longueur) n'était pas forcément l'option idéale. D'un côté, ces champions ont bien sûr fait connaître Puma. Mais leurs spécialités ne concernaient pas du tout les acheteurs de chaussures Puma, marathoniens et joggeurs... Du coup, le sponsoring de la marque a été quelque peu réorienté. Puma est resté le partenaire de stars de l'athlétisme, mais en privilégiant coureurs de fond et de demi-fond kenyans comme N'GENY, KIPKETER et KOMEN, exerçant respectivement leur talent sur 1500 m, 3000 m *steeple* et 5000 m. Mais la firme s'est aussi associée à 120 autres coureurs kenyans, pour la plupart des spécialistes des épreuves sur route. Des champions auxquels les clients de Puma n'ont, pour le coup, aucun mal à s'identifier, et qui ont aussi l'avantage d'utiliser le même matériel que les clients de Puma...

En dehors de quelques stars planétaires, les choix des marques dépendent en grande partie des marchés concernés par la carrière d'un champion. En clair, tous les athlètes, même si leurs performances sont identiques, ne sont pas égaux devant leurs équipementiers. Un sprinter français ou espagnol valant 10'15 sur 100 m (un temps qui ne lui permettra pas de décrocher une médaille dans un grand championnat), trouvera sans peine des partenaires. En revanche, un Ghanéen ou un Bahamien de même niveau risquent de n'intéresser personne. Du moins, pas au même tarif... Par ailleurs, des raisons plus structurelles poussent les marques à ne plus investir seulement dans le vedettariat sportif. D'abord parce que leur clientèle ne se compose plus exclusivement de pratiquants. Un rapport, pourtant déjà ancien du CREDOC (Centre de Recherches et d'Études pour l'Observation des Conditions de vie), indiquait en 1994 que si seulement 65 % des Français affirmaient faire du sport, ils étaient 93 % à consommer des articles de sport. Une tendance qui n'a sans doute fait qu'aller en s'accentuant depuis, car c'est la mode qui s'est accaparée le sportswear. Les baskets ne se cachent plus, et certains modèles mythiques, comme la Gazelle d'Adidas, ont même bénéficié d'un étonnant *"revival"* lorsque Madonna et une pléiade de top models se sont mises à les porter en soirée… Quant aux rappeurs du groupe IAM, ils ont ressuscité les vieilles Stan Smith, autre best-seller de la marque aux trois bandes.

> *En quittant les pages "Sport" pour se montrer dans les journaux féminins, les marques ont aussi appris à communiquer autrement. Et à ne plus dépenser tous leurs budgets sur les stades.*

> *Autre préoccupation récente, les équipementiers ont dû se pencher d'un peu plus près sur les questions d'éthique depuis que des reportages ont dénoncé, un peu partout dans le monde, la manière dont ils traitent leurs employés d'Asie du sud-est.*

Ce sont pour la plupart des enfants qui travaillent sept jours sur sept, pour quelques dizaines de dollars, et fabriquent des paires de basket qui seront ensuite vendues pour une somme supérieure à leur salaire mensuel… Cette forme d'esclavage industriel leur a valu de telles critiques, notamment dans le best-seller anti-consumériste de Naomi Klein[1], que les firmes tentent, pour des raisons d'image, d'améliorer les choses. Nike et Reebok ont signé des codes de bonne conduite avec leurs sous-traitants étrangers (même si contrôler le respect de ces règles semble pour le moins optimiste), promettant notamment de faire cesser le travail des enfants. Pour montrer un peu plus sa bonne volonté, Nike a même créé une fondation "Global Alliance"… Et, dans ce contexte, l'annonce de contrats pour des sommes de plusieurs dizaines de millions de dollars fait bien sûr plutôt mauvais genre…

---

1. Naomi Klein, *No logo*, Éditions Actes Sud, 2001.

2. Les sponsors

a. Rentabiliser en termes de visibilité et de notoriété

Chez les sponsors, dont l'activité ne concerne pas directement le marché du sport, la difficulté est d'une toute autre nature. Certes, 2001, malgré les tragiques événements du 11 septembre, n'aura pas été un mauvais cru. Ainsi, en dépit de la déroute des sociétés nées de la "Net économie", Lycos a signé pour 11,13 millions d'euros la belle ANNA KOURNIKOVA, une valeur sûre pour la clientèle des surfeurs masculins. Les Anglais d'ITV sont devenus les parrains de l'écurie de F1 Toyota contre 129,58 millions d'euros sur quatre ans, et Coca a investi 81 millions sur trois ans dans la Première *League* de football anglaise.

| zoom 2 | **Le prix à payer**

Selon une récente enquête publiée dans le quotidien économique *Les Echos*, la Formule 1 est devenue, de loin, le sport le moins abordable pour un sponsor, alors que le cyclisme reste bien plus raisonnable. Voici les fourchettes d'investissement requises par discipline, en sachant que pour des sports moins médiatiques, les tarifs dégringolent (Vittel a pu devenir partenaire des handballeurs champions du monde pour 1 million de francs...) :

Formule 1 : entre 18,4 et 53,4 millions d'euros

Cyclisme : entre 6,1 et 7,6 millions d'euros

Football : entre 4,6 et 6,1 millions d'euros.

Bref, tout semble aller pour le mieux dans le petit monde du "sport business". Mais, en dépit de cette prodigalité, les marques peuvent se poser au moins deux questions avant de se lancer dans le parrainage. La première porte sur l'efficacité de cette stratégie.

> *En quoi le fait d'être « la photocopieuse officielle des Jeux Olympiques » vous assure-t-il de vendre ensuite plus de machines dans les bureaux ?*

La réponse n'a bien sûr rien d'évident, mais, malgré tout, certaines enquêtes de notoriété tendent à prouver que le jeu en vaut la chandelle.

| zoom 3 | Le top 5 du sponsoring

Depuis 1992, l'institut Démoscopie réalise des enquêtes de notoriété concernant le sponsoring sportif, et mesure l'impact des parrainages sur la popularité des principaux parrains. Pour la période 1996-1999, les 5 marques les plus reconnues ont été les suivantes :
Adidas (de 38 à 42 %)
Coca (de 35 à 27 %)
Nike (18 à 23 %)
Reebok (10 %)
Crédit Agricole (10 %).

| zoom 4 | La mesure de la gloire

Sportlab a créé un nouvel indice, le Sportimat, afin de mesurer l'impact du marketing sportif en termes de notoriété. La question posée en 2002 à un échantillon représentatif de Français était : « Quelle entreprise ou quelle marque est sponsor du foot, du tennis, de la F1 et du cyclisme ? ». Les réponses ont été les suivantes :

Football :
Adidas (59 %), Nike (33 %), Coca (18 %)
Tennis :
Perrier (33 %), BNP (25 %), Adidas (22 %)
Formule 1 :
Marlboro (36 %), Elf (30 %), Peugeot (16 %)
Cyclisme :
Festina (46 %), Crédit Lyonnais (30 %), Cofidis (26 %)

Ainsi, la présence de Coca, en tant que partenaire officiel du Mondial de football 1998 aurait permis, pendant la compétition, de faire progresser les ventes de la marque de soda de 34 % au Brésil. Il ne s'agit là, bien sûr, que d'un indice, mais il est évident que ceux qui peuvent s'associer à des événements mondiaux majeurs, réunissant des milliards de téléspectateurs devant leur petit écran, trouvent une vitrine unique. Encore faut-il pouvoir se l'offrir… Coca, qui est sans conteste le plus actif dans le domaine du sport, a tout de même dépensé plus de 760 millions d'euros en parrainage depuis 1984. Il est aussi membre du TOP (*The Olympic Program*), lancé par le CIO dans les années 80 ; un club très fermé, qui compte 9 partenaires officiels (Coca, IBM, John Hancock, Kodak, MacDonald's, Samsung, Sport's Illustrated, UPS, Visa et Xerox) et dont le ticket d'entrée, valable 4 ans, revient au minimum à 100 millions de francs…

L'autre question légitime que peuvent se poser les parrains potentiels concerne les choix d'investissement.

Vaut-il mieux parier sur un champion ou sur un événement ? Avec un sportif, le partenaire n'est jamais à l'abri d'une catastrophe.

97

SPORT, FRIC & STRASS

Le plus bel exemple reste sans aucun doute celui du mariage entre RICHARD VIRENQUE et Lustucru. Dans une pub, diffusée en 1998, pendant le Tour de France, on pouvait voir RICHARD VIRENQUE suer sang et eau dans un col, avec la vieille Germaine, éternelle icône de la marque, sur son porte-bagages… Le slogan : « Lustucru, fournisseur d'énergie de RICHARD VIRENQUE » a fait rire toute la caravane de la Grande Boucle… Car dans le même temps, le grimpeur français se retrouvait au cœur du scandale du dopage à l'EPO, et devait, les larmes aux yeux, abandonner la course. Inutile de préciser que rares étaient encore ceux qui pouvaient croire qu'il se "shootait" aux nouilles… Les sucres lents ont leurs limites…

L'autre enjeu majeur pour les marques tient à la visibilité.

Sur une Formule 1, la pléthore de logos collés sur les monoplaces finit par rendre la majorité de ces visuels quasi invisibles. Et ils le deviennent même pour de bon, pour peu qu'ils ne figurent pas sur la carrosserie des meilleures voitures, les seules à avoir les honneurs des caméras… Une situation dure à vivre quand on connaît le prix à payer pour les partenaires des écuries de F1. C'est d'ailleurs ce qui a fini par lasser les parrains de Prost Grand Prix. En effet, selon GILLES DUMAS, patron de Sportlab et inventeur du Sportimat, Bic, Agfa et Alcatel n'étaient respectivement reconnus comme sponsors de la F1 que par 3 %, 1 % et 0 % des Français… De quoi baisser les bras, après avoir rangé son carnet de chèques !

b. Viser la cohérence entre la marque sponsor et son image de marque

Pour ceux que ne rebutent pas la « glorieuse incertitude du sport », et qui n'ont pas peur de voir un jour la photo de leur champion dans les pages "Faits divers" des quotidiens, il reste ensuite à élaborer une stratégie cohérente avec leur image de marque.

98

> *On peut distinguer ceux qui partent à la conquête d'un marché planétaire, de ceux dont les ambitions restent, pour l'essentiel, nationales.*

Une différence qu'illustre bien le match Vodafone-Orange. Le premier, leader mondial de la téléphonie mobile, cherche à s'associer à des têtes d'affiche incontestables, et ce dans toutes les disciplines. En football, la marque a choisi Manchester United (il lui en a coûté 45, 7 millions d'euros), en rugby, elle est partenaire de l'équipe nationale australienne (moyennant 20 millions d'euros), et en Formule 1, ancienne propriétaire de l'écurie Benetton, elle est devenue, depuis cette saison, le commanditaire de Ferrari (pour la coquette somme de 175 millions d'euros sur trois ans). Le français Orange, filiale de France Télécom, est présent sur les mêmes disciplines, mais à une toute autre échelle. Sponsor du RC Lens et du FC Nantes, l'opérateur vient de signer un contrat avec la Ligue Nationale de Football. Pour 7,6 millions d'euros par an, les championnats professionnels seront rebaptisés dès la saison prochaine "Orange D1" et "Orange D2". Il a aussi déjà prévu le boom de l'UMTS (avec la vidéo accessible via la téléphonie mobile), en préemption des droits sur le football, contre 61 millions d'euros. En rugby, Orange roule pour le Stade Français, Perpignan et Montauban, à des tarifs n'ayant rien à voir avec ceux pratiqués par Vodafone. Quant à la Formule 1, il a conclu un deal sur trois ans avec la peu prestigieuse écurie britannique Arrows. Le prix d'origine, 106,7 millions d'euros, aurait été revu à la baisse, pour manque de résultats... Les deux marques rivales ont aussi des domaines réservés, liés à leur marché d'origine. Vodafone a misé sur l'équipe d'Angleterre de cricket pour 19,3 millions d'euros. Orange est devenu partenaire du navigateur BRUNO PEYRON, et, depuis janvier 2002, celui de la Fédération Française de Tennis (FFT) et de la Coupe Davis. Mais les deux marques, au-delà de leur évidente différence de moyens, se montrent cohérentes. Vodafone doit être vu dans le monde entier. Orange cherche avant tout à se montrer dans l'Hexagone...

Pour les marques de luxe, pas question de sponsoriser des clubs de foot, qui évoquent les hot-dogs et la bière. Non, lorsque l'on s'appelle Lancôme, pour être au parfum, mieux vaut parrainer un open de golf à Saint-Nom la Bretêche digne des pages "Loisirs" du Figaro Magazine.

Dans le même ordre d'idées, une banque peut décider de séduire une clientèle haut de gamme. Surtout si, comme la BNP, déjà partenaire de Roland-Garros depuis 1973, l'on vient de fusionner avec Paribas, un établissement plus concerné par les hommes d'affaires que par le grand public. Résultat : le groupe vient d'associer son nom à la Coupe Davis, et son budget parrainage dans le tennis passera en 2002 de 6,8 à 18,30 millions d'euros… À l'opposé de cette stratégie, le Crédit Lyonnais a, pendant longtemps, misé sur un partenariat plus populaire, devenant le principal mécène du Tour de France. Mais les affaires de dopage ont fini par mettre à mal ce mariage, et la banque chère à BERNARD TAPIE (et aux contribuables) a décidé en 2001 de rompre avec la Grande Boucle. Au contraire des spectateurs, qui continuent de se presser par dizaines de milliers le long des pentes menant aux sommets alpins et pyrénéens… D'autres marques n'ont pas toujours le choix des moyens, et investissent là où l'on veut bien d'elles. Prenez les cigarettiers (comme Philip Morris et Rothmans) : s'ils ont commencé à s'intéresser au sport automobile parce qu'il correspondait à l'image "virile" qu'ils voulaient donner de leurs produits dans les années 70, ce choix est ensuite devenu une nécessité. Interdits de publicité à la télévision puis dans la presse, les circuits restaient le seul territoire accessible. Une « terre d'asile » dont ils seront définitivement expulsés en 2006, date à laquelle ils ne pourront plus se montrer sur les Grands Prix, eux qui avaient investi jusqu'à 1,5 milliards de francs par an dans ces bolides. Autre tendance notable, liée à l'ampleur des sommes investies dans le sport, les sponsors se montrent de plus en plus exigeants sur les termes de leur partenariat. Et ce que l'on avait déjà pu observer à l'étranger (où, par exemple, les équipes de rugby et de basket de Trévise, dans le nord de l'Italie, portaient le nom de leur sponsor, Benetton, qui possède d'ailleurs pour ainsi dire toute la ville…), commence à se développer en France. Ainsi, le club de basket de Villeurbanne est devenu l'ASVEL Adecco, du nom de la société d'intérim. De même, en rugby, le "Bouclier européen" a été rebaptisé Parker Pen Shield, en "hommage" au fabricant de stylos qui paie pour être vu… Quant au stade de l'équipe de Leeds, en Angleterre, les dirigeants sont à la recherche d'un généreux donateur pour donner son nom à leur arène d'Elland Road. L'affaire devrait se négocier autour de 40 millions d'euros.

En arrivera-t-on un jour à revivre sur les stades ce que l'on a déjà vu sur les océans, quand on apprenait que Jacques Vabre devançait les biscuits La Trinitaine et les cassoulets Fleury Michon. Par instants, l'on pouvait même avoir l'impression que les navigateurs au long cours viraient de bord dans les rayons d'un hypermarché…

---

zoom 5 | Les entremetteurs

Ils font les mariages heureux entre sportifs ou organisateurs d'événement et les sponsors. En France, le plus célèbre de ces intermédiaires est sans conteste JEAN-CLAUDE DARMON, PDG de Sportfive. C'est en 1968 que ce commercial d'une petite agence de pub a eu la bonne idée de frapper à la porte du FC Nantes, proposant à ses dirigeants d'écrire un livre sur l'histoire du club. Puis il se met en tête de trouver des partenaires pour les "Canaris". Résultat : en 1973, il lance FC Nantes Promotion, qui récolte déjà 2 millions de francs pour son client… Ce rôle de pionnier lui vaut très vite de devenir le "Monsieur Marketing" de la Ligue Nationale de Football, alors présidée par JEAN SADOUL, puis, surtout, de se voir confier la recherche de sponsors pour le compte de la FFF. Coup de chance, son ascension correspond au boom du foot à la télévision, et JEAN-CLAUDE DARMON négocie bientôt la cession des droits TV pour ses prestigieux clients. Les retransmissions lui permettent aussi de vendre bien plus cher les espaces publicitaires dans les stades, garantissant une visibilité maximum pour les marques. Surnommé « le grand argentier », il fait tout pour mériter ce titre, et les Bleus n'ont vraiment pas eu à se plaindre de ses services. Son entregent (et les victoires au Mondial et à l'Euro 2000 !) lui ont permis de récolter 38,1 millions d'euros en partenariats divers (somme sur laquelle DARMON perçoit 15% de commissions). Pour les quatre « *top partners* » (Adidas, Canal +, Carrefour et LG), le ticket d'entrée se négocie entre 2,3 et 3,8 millions d'euros. Mais une quarantaine d'autres sociétés, d'Air France à Total, paient aussi leur écot, pour avoir le droit d'exploiter l'images des Bleus… Son contrat avec les Bleus a été reconduit jusqu'en 2006… Surtout son nouveau groupe, Sportfive (né de la fusion avec Sportplus, filiale de Canal +, et UFA Sport, filiale de RTL Group), coté sur le second marché à la Bourse de Paris, compte désormais un portefeuille impressionnant de droits, s'élevant à 520 millions d'euros. La puissance de DARMON, et de TF1, est telle qu'il a pu contraindre l'UEFA a avancer le premier match de qualification de l'Euro 2004 entre Chypre et la France afin d'éviter à la chaîne de décaler la diffusion d'un épisode de Star Academy. DARMON est, entre autres, associé à la Confédération Africaine de Football (CAF) et, via Rugby France Promotion, gère les droits TV pour la FFR. Ses activités prouvent par ailleurs que la frontière séparant la recherche des sponsors et la gestion des droits de télévision n'existe plus.

La société de JEAN-CLAUDE DARMON réalise en effet plus de 50 % de son chiffre d'affaires grâce à cette dernière activité, contre 20% pour le sponsoring, 18 % pour l'affichage et 8% grâce aux relations publiques.

Le groupe Darmon doit en grande partie sa santé insolite à la chute de la maison ISL (*International Sport, culture, and Leisure marketing*). Cette agence marketing dont le chiffre d'affaires frôlait le milliard d'euros, s'est écroulée, mise en liquidation en avril dernier par le tribunal de Zoug (Suisse). Une faillite annoncée par une succession d'investissements désastreux ces deux dernières années : 295 millions d'euros pour les droits du football chinois sur six ans, 242 millions placés dans le CART (la F1 *made in USA*) jusqu'en 2007, et surtout 1,37 milliards d'euros pour les neuf Master Series du tennis. Le "partage des dépouilles" promet d'être juteux, puisque ISL comptait parmi ses clients la FIFA, le CIO et la FIBA (Fédération Internationale de Basket), ainsi que des poids lourds, comme BMW, Marlboro, Kodak, Kellogs…

Mais dans la recherche perpétuelle du partenaire idéal, les premiers "cyber marieurs" ont vu le jour. Car la nouveauté, en marketing sportif comme ailleurs, c'est bien entendu Internet. Avec des acteurs comme Sponsor Click, un pionnier lancé en 2001. Reste que pour l'instant le chiffre d'affaires n'est pas au rendez-vous…

| entretien | GILLES DUMAS, un des pionniers du marketing sportif

À 40 ans, le PDG de l'agence de communication Sport'Lab, par ailleurs Président du Racing Club de Paris, s'efforce de décrypter l'action des sponsors et d'en mesurer l'impact.

Vous avez été un des pionniers du marketing sportif

J'étais sportif d'un niveau honorable. Beaucoup d'athlétisme, troisième division au foot… Mes copains étaient dans l'équipe du 4X100 mètres, ceux qui sont partis à Moscou en 1980. Comme je n'avais ni place ni sélection pour partir avec eux, je m'étais mis en tête de trouver un sponsor. J'avais 20 ans, et Athlon m'avait fait confiance. Je leur avais vendu l'image de mes potes pour 50 000 francs à l'époque. Un record ! On n'en revenait pas d'avoir autant d'argent.

Ce coup d'éclat m'a permis d'entrer chez Havas, où j'étais jeune chef de pub. On réfléchissait aux moyens de capitaliser l'image des sportifs pour les marques. Pour m'occuper, j'étais allé voir mes copains de l'équipe de France de football, avant la Coupe du monde 1982, et j'avais fait signer à la moitié d'entre eux un contrat de droit à l'image. Havas m'en avait voulu de dépenser tant d'argent, et ils ont pu voir le résultat au retour ! Le plus hallucinant dans cette histoire est de penser que j'avais la moitié de l'équipe de France à moi tout seul ! Ce serait impensable aujourd'hui. Cela montre bien que le marché était balbutiant.

Comment le marché s'est-il organisé ?

Sans moi, je l'avoue. J'avais gagné tellement d'argent que je n'ai pas vraiment travaillé jusqu'à mes 35 ans. J'ai créé Sport'Lab, justement parce que les investissements des entreprises étaient devenus si faramineux qu'il était nécessaire de comprendre et mesurer les leviers. En clair, il fallait mettre de l'ordre dans le fric qui arrivait des boîtes vers le sport.

Nous faisons donc des études quantitatives et qualitatives pour analyser la manière dont la marque partenaire est perçue. Et, en gros, si l'enjeu en vaut vraiment la chandelle.

C'est-à-dire ?

Notre force est ce que j'appelle le calcul du capital sport/empathie. C'est un indice qui mesure le corollaire entre la marque et le sport, l'équipe ou le joueur qu'elle sponsorise.

103

Au départ, il est de 100. Plus une marque incarne son sport, plus il grimpe. Mais encore faut-il l'incarner « naturellement », pour ainsi dire. C'est le cas entre BNP et le tennis, par exemple, une marque et une discipline "froides" qui se complètent. Ça marche moins entre Opel et le PSG, deux marques froides aussi, mais, du coup, pas complémentaires.

Pourquoi ?

Parce qu'elles véhiculent des images trop similaires. Ici, on est sportif à la base, donc on sait quelles valeurs les sports véhiculent. Par exemple, on ne peut pas comprendre le vélo si on ne comprend pas que l'attachement qu'on lui porte est un retour à l'enfance. C'est le premier coup de pédale, le vélo ! C'est le souvenir... Plus tard, le football nous renvoie aux bandes de copains de l'école, quand on shootait tous dans une boîte. Le rugby, par contre, c'est l'adoubement, le rite de passage.

Et votre métier dans tout ça ?

C'est de proposer aux entreprises la meilleure légitimité. Une entreprise a une image, ou n'en a pas. Comment peut-elle s'en créer une, ou infléchir la sienne, sinon en investissant intelligemment dans le sport ?

Cela se passe comme ça dans la réalité ?

Pas tout à fait. Déjà, il y a beaucoup de marques hégémoniques : Coca-Cola, Orange, Heineken, dans une moindre mesure... Pour ces marques, le sponsoring est prépondérant. C'est ce que j'appelle la logique de l'achat de maillot. Vous mettez votre nom sur les maillots, les shorts, les stades... Vous êtes vus, c'est sûr, mais comment êtes-vous perçus ? Le problème, à mon avis, c'est qu'il faut passer d'un sponsoring de puissance à un sponsoring de qualité.

Ce qui veut dire ?

Je développe une démarche militante. Prenez par exemple le problème des banlieues. J'essaie de persuader les investisseurs de créer des actions sportives à l'intention des gosses "difficiles". Le principe est simple : dans le sport, il y a des règles, on peut les apprendre aux gamins. Si le sponsoring se mêle de ces initiatives, les marques ont tout à y gagner.

Et ça marche ?

Nike le fait. Sans moi je l'avoue. J'ai travaillé avec Coca sur des programmes "Jeunes" : le collectif foot. Le problème de Coca, c'est que la marque fait du bien au foot, mais n'est pas perçue comme une marque qui fait LE bien. Par le biais de ces actions citoyennes, j'espère changer la donne. Il y a eu aussi l'opération « c'est les vacances » avec Axa, Orange et la SNCF. On a mis 85 éducateurs sur les terrains pour occuper les gamins pendant l'été. C'était très bien, ça.

Combien ça coûte, des opérations comme celles-là ?

Moins cher que des maillots. Des maillots, c'est 1 million de francs minimum. Et encore, je ne peux pas vous donner de chiffres. Il y a une telle opacité dans ce milieu. C'est d'ailleurs sa force. D'une manière générale, il n'y a jamais de tarifs affichés, ni du côté du sponsor, ni du côté du club. Je sais que des intermédiaires reversent très peu grâce à cela.

Des exemples ?

Pas d'exemples. Mais il n'est pas rare que l'intermédiaire empoche 10 millions de francs.

| entretien | DIDIER GÉRARD, responsable sponsoring chez Fila France

Même si sa marque n'est pas leader sur le marché mondial des équipementiers, elle parvient à séduire des athlètes avec d'autres arguments. Aux yeux de DIDIER GÉRARD, un sportif aime être "chouchouté". Et déteste que l'on révèle le montant de ses contrats…

Quels sont les athlètes que vous avez sous contrat ?

Pour ne citer que les principaux, nous avons, en tennis, MARC PHILIPPOUSSIS, JULIEN BOUTTER, JENNIFER CAPRIATI et JELENA DOKIC. En ski, ALBERTO TOMBA, qui ne fait plus de compétition, mais reste très populaire en Italie, ainsi que KARINE RUBY, première championne olympique en snowboard et médaillée d'argent à Salt Lake City. GIOVANNI SOLDINI, le navigateur en solitaire, fait aussi partie de notre équipe tout comme le Kenyan PAUL TERGAT, quintuple champion du monde de cross. Nous avons d'ailleurs développé une école dans son pays : le team Fila Kenya. Aux États-Unis, JIMMY SUZA, un joueur de base-ball presque aussi célèbre Outre-Atlantique que ZIDANE en Europe, porte nos couleurs. Enfin, nous avons signé un contrat avec la Scuderia Ferrari pour le championnat du monde de F1.

Pouvez-vous donner le montant de certains de ces contrats ?

Ils sont confidentiels. Un athlète pourrait même se retourner contre nous si on le divulguait. Et cela est vrai pour toutes les marques. Cette confidentialité s'explique par le droit au respect de la vie privée mais également parce que dans une même discipline, un sportif, qui n'est pas forcément meilleur qu'un autre, peut avoir une meilleure image pour notre marque. Dans ce cas, l'athlète moins payé, bien qu'étant plus performant, risque de ne pas comprendre.

À quelle stratégie répond le choix de ces sportifs ?

Le choix dépend des produits techniques vendus dans le commerce. Le département "Promotion Sport" détermine ceux qui seront distribués dans chaque pays. En France, les principaux sports sont le tennis, le *running*, le basket et le ski. Les produits techniques donnent l'image que nous souhaitons voir attribuer à Fila et tirent les ventes. En marge, une gamme "*casual*" est développée.

Quelle est la part de votre chiffre d'affaires consacrée au sponsoring ?

Le budget sponsoring est compris dans celui de la "Promotion Sport Communication", qui inclut aussi l'achat d'espaces publicitaires, la promotion média et dans les magasins. En 2001, ce budget s'est élevé à 5% de notre chiffre d'affaires.

Êtes-vous satisfait de l'impact de ces partenariats ?

C'est la question à laquelle on ne peut pas répondre. Les retombées ne sont pas mesurables. Mais j'ai vu des joueurs de tennis qui étaient dans le top 10 mondial et qui, 3 ou 4 ans après, se baladaient dans les allées de Roland-Garros sans qu'on leur demande un seul autographe. C'est pareil pour une marque. Si elle ne communique plus, le public va s'en désintéresser.

Comment se déroule une négociation avec un athlète ou son agent ?

Nous élaborons ensemble un projet financier, qui fixe un "bonus", en fonction des performances. Mais l'argent n'est pas tout. Les athlètes aiment être chouchoutés. Pour ceux dont la notoriété est planétaire, les trois marques leader (Adidas, Reebok et Nike) proposent de bons contrats aux athlètes les plus médiatisés. En revanche, les sportifs de très haut niveau moins connus sont moins bien traités. Chez Fila, on leur explique que, s'ils viennent chez nous, on s'occupera d'eux comme s'ils étaient au top. Par ailleurs, le montant des contrats d'équipementiers est souvent inférieur à ce que les sportifs gagnent sur le terrain. Les athlètes se permettent donc de faire un choix selon l'image de la marque.

Qu'entendez-vous par "chouchouter" un athlète ?

Nous mettons un service efficace à sa disposition, avec des interlocuteurs privilégiés. Le footballeur STÉPHANE DALMAT était chez nous. Un jour, il a eu besoin de chaussures pour jouer un match important le lendemain. Mon assistant a pris sa voiture et lui en a descendu une paire. Les sportifs se souviennent de ces gestes. La preuve : plus tard, une marque lui a proposé un contrat 3 fois supérieur au nôtre, et il a refusé. Le service offert, et son salaire, lui autorisait ce luxe. Un des services très appréciés des athlètes est la médiatisation de leur actualité. Quand STÉPHANE DALMAT est venu chez Fila, nous avons pris une page de pub dans *L'Équipe Magazine*. Cette formule valorise le joueur tout en faisant connaître la marque. Tout le monde est gagnant.

Quelles sont les obligations des joueurs ?

On leur demande de porter la marque au cours de leur vie professionnelle et de ne pas porter de marques concurrentes dans leur vie privée.

Quel est votre plus beau coup ?

En tant qu'athlète, STÉPHANE DALMAT. De Châteauroux, il est passé à Lens, Marseille, Paris, Inter de Milan. En tant qu'événement, c'est le "Tennis Master Series" de Paris 2001. Je ne sais pas pourquoi les retombées ont été très bonnes. Avec JULIEN BOUTTER, j'ai également fait un beau travail. Il était 350e mondial quand nous nous sommes liés et en avril 2002, il a accédé à la célébrité en disposant du N°1 mondial. Autre exemple, ANTHONY DUPUY était classé moins 15, lorsque nous l'avons repéré ; en 2002, il n'a pas quitté le Top 100 mondial.

Et votre plus grosse déception ?

Nous étions sur le point de passer un accord avec l'Olympique Lyonnais. La différence entre mon offre et celle d'autres équipementiers s'élevait à plusieurs millions de francs . Mais, sur un budget global annuel de 450 millions de francs, les dirigeants du club nous avaient quand même donné la préférence. La veille de la signature, on m'envoie un e-mail du service international, interdisant de signer tout nouveau contrat, parce que le groupe HDP avait décidé de vendre Fila…

Le sponsoring des événements est-il complémentaire de celui des athlètes ?

Je préfère donner priorité aux athlètes qu'aux événements. Lors de la Finale du tennis Master Series 2000, de nombreuses personnes m'ont dit qu'elles avaient vu le logo de Fila sur PHILIPOUSSIS. En septembre 2001, je regardais l'US Open de tennis avec ma femme. Elle me parle des tenues d'ARNAUD CLÉMENT. Pendant la coupure publicitaire, elle me demande quel était le sponsor de l'événement. C'était Fila. Pendant une heure, elle avait vu les chaises d'arbitre, les tenues de ramasseurs de balles et les affichages promotionnels mais elle n'avait pas retenu le partenaire officiel. Toutefois, dans certains sports, il est très dur de communiquer sur les athlètes parce qu'ils ne sont pas connus du grand public. C'est le cas du *running*. L'événement prend alors le relais.

Quelles sont les disciplines où la concurrence est la plus rude ?

Le football professionnel compte 400 joueurs en France auxquels il faut ajouter les expatriés en Europe. Tous n'ont pas l'image de ZIDANE. Mais il y en a pour tout le monde. Des agents de joueurs de l'équipe de France m'ont même contacté pour me faire savoir que leur joueur était libre. Ce n'est pas le cas en tennis, où les joueurs à forte image sont moins présents, et où chaque marque veut s'imposer.

CHAPITRE 5

Les enchaînés
de la télé

Sans elles, le sport business n'existerait même pas... Car si les télévisions dépensent des fortunes en droits de retransmissions, elles donnent surtout à un athlète et à une discipline la visibilité sans laquelle ils ne pourraient jamais attirer de sponsors. L'ennui, c'est que les écrans sont désormais saturés, et les téléspectateurs blasés. Du coup, les responsables de chaînes ne veulent plus casser leur tirelire pour diffuser n'importe quoi. Alors, pour les clubs et les fédérations, le temps des vaches maigres est sans doute venu...

La télé adore le foot. Lors des semaines « fastes », le télé-spectateur peut passer quatre heures devant son poste les mardis, mercredis et jeudis soirs, pour goûter aux plaisirs de la *Champion's League* et de la Coupe de l'UEFA, avant de se lover de nouveau dans son canapé le week-end, pour admirer les acteurs de deux rencontres de D1 sur Canal +, plus une autre affiche diffusée sur TPS. Sans oublier "Jour de foot", "Samedi Sport" et "L'Équipe du dimanche" sur Canal +, avec en plus, en guise d'échauffement, un match de D2... Ce goût immodéré pour l'effort des autres peut aussi pousser à admirer les rugby-men et les calandres des Formule 1...

1. Les "20 glorieuses" : les décennies 1980-1990

Le sport fait de l'audience, et permet de vendre très cher aux annon-ceurs leur spot de pub. Telle était du moins l'analyse de la plupart des responsables de chaînes pendant les "20 glorieuses", les décennies 80 et 90, pendant lesquelles la concurrence qu'elles se livraient pour décrocher les exclusivités sur les grands événements ont fait monter les enchères. Parfois jusqu'à des sommets absurdes...
Mieux, avec le développement des chaînes thématiques du câble et du satellite, des "petits" sports ont pu, eux aussi, décrocher des contrats. Histoire de remplir des créneaux horaires. Et tout, vrai-ment tout, était devenu bon à prendre, tant l'offre est devenue abon-dante, en l'espace d'une douzaine d'années. Car s'il n'y aura eu que 989 heures diffusées en 1984, ce chiffre est passé à 5622 heures en 1989, pour atteindre 11 704 heures en 1996...

> *À l'époque, tout le monde voulait son sport, et toutes les disciplines cherchaient une vitrine... quittes à faire quelques concessions.*

Ainsi c'est pour plaire aux diffuseurs que le tennis a instauré le tie-break, afin d'abréger des matches marathons. C'est pour les mêmes raisons que la Coupe d'Europe d'athlétisme a supprimé l'interminable 10 000 m de son programme, pour le remplacer par un 5000 m. Quant aux sports US, hachés par les temps morts et d'interminables arrêts de jeu, ils semblent parfois n'être que de simples interludes entre deux spots publicitaires… Cette nouvelle dictature a fait de nombreuses victimes. Car tous les sports qui n'ont pas atteint les taux d'audience requis ont été immanquablement relégués sur des chaînes câblées, qui ne touchaient, au départ, que quelques centaines de milliers d'abonnés sur le marché français. Même un sport aussi populaire que le basket-ball a connu ce triste sort (voir l'entretien de GEORGES EDDY au chapitre 2).

2. Quand trop d'images tuent l'image… et l'audience

Si peu de sports accèdent au Graal des grandes chaînes hertziennes, aujourd'hui, tous les sports peuvent trouver leur place, même minuscule, sur le petit écran, grâce à la croissance du câble, du satellite et des chaînes cryptées. Mais la rentabilité et l'audience ne sont pas toujours au rendez-vous. Avec l'attribution des fréquences de la TNT (Télévision Numérique Terrestre), l'offre a toute chance de guère évoluer. Et, de toute façon, le nombre d'événements sportifs susceptibles de captiver les foules et les annonceurs ne sont pas non plus extensibles à l'infini.

> *Même pour la plus populaire des disciplines, le foot, l'abondance d'images a fini par blaser les téléspectateurs. Et l'audimat de certaines rencontres ne justifiait plus du tout les sommes investies… Résultat : le temps des vaches grasses semble aujourd'hui révolu.*

Certes, les chaînes veulent bien payer cher le spectacle sportif. Mais plus n'importe lequel… Un phénomène international.

| zoom 1 | **Le prix du ballon**

Voici le montant global des droits télés versés dans quatre des plus grandes nations de football européennes. Le championnat anglais est de loin le plus cher, grâce à la concurrence qui règne entre BSkyB, et ITV :

Angleterre : 940 millions d'euros
Italie : 550 millions d'euros
Allemagne : 400 millions d'euros
France : 396 millions d'euros.

Un peu partout, les négociations promettent d'être serrées dans les 3 ans à venir. En Angleterre, ITV Digital, filiale des groupes Carlton et Granada, en offrant 515 millions d'euros sur trois ans aux clubs de la *Football League* (regroupant les divisions 2, 3 et 4 du foot britannique), a mis son équilibre économique en danger. Cet échec de la télévision numérique terrestre est aussi un désastre pour tous les "seconds couteaux" du ballon rond, qui bouclaient de 30 à 50 % leur budget grâce aux droits TV…

| zoom 2 | **Combien ça coûte ?**

Le sport coûte cher aux chaînes de télévision comme le prouve le montant de quelques-uns des principaux contrats qu'elles ont signés, en France comme à l'étranger, pour acheter les droits de retransmissions des sports et des événements les plus populaires :

France

Roland-Garros (France Télévision) : 6,4 millions d'euros par an

Basket-ball (France Télévision) : 0,440 millions d'euros par an, pour 6 matches de championnat et trois de l'équipe de France

Formule 1 (TF1) : 15,24 millions d'euros par an jusqu'en 2008

Football (Canal +) : 55 millions d'euros par an pour le championnat de France de D1

Football (TF1) : 48,78 millions d'euros par an pour la Coupe de France et les rencontres de l'équipe de France

Tour de France (France Télévision) : 11,43 millions d'euros par an (prix incluant les classiques gérés par Amaury Sport Organisation)

Rugby (France Télévision) : 24,39 millions d'euros par an pour le Tournoi des 6 nations et les test-matches disputés dans l'Hexagone

Rugby (France Télévision) : 175,32 millions d'euros pour la Coupe du monde de rugby

Rugby (Canal +) : 13,72 millions d'euros pour deux matches de championnat par journée.

Monde

Football (groupe Kirch) : 1,77 milliards d'euros pour les Coupes du monde 2002 et 2006

Jeux Olympiques (NBC) : 1,83 milliards d'euros pour retransmissions des J.O. jusqu'en 2008

Rugby (BskyB, Murdoch) : 45,73 millions d'euros par an sur 10 ans pour les *Tri-Series* et le Super 12

Rugby (BSkyB) : 109,76 millions d'euros sur 5 ans avec la fédération anglaise

NBA (NBC) : 560 millions d'euros sur 4 ans

Golf, PGA : 6 milliards de dollars avec six chaînes américaines, pour la période 2003-2006.

Certes, le cabinet Deloitte et Touche a été mandaté pour poursuivre les négociations, mais les risques de mise en liquidation judiciaire d'ITV Digital sont très sérieux. Une éventualité qui laisserait son unique concurrent, BSkyB, le bouquet satellite de 140 chaînes lancé par le magnat australien RUPERT MURDOCH, en situation de monopole. Donc en position d'imposer son prix et sa volonté à des clubs qui ne peuvent pas vivre sans la manne télévisuelle… En Allemagne, le Bavarois LEO KIRCH, qui détenait les droits TV de la Bundesliga, a déposé son bilan. Alors que 1,5 milliards d'euros sont dûs aux équipes d'Outre-Rhin pour la période 2000-2004. En Italie, Stream et

Tele Più (filiale de Vivendi Universal) s'étaient associées pour retransmettre le Calcio en "*pay per view*". Mais ce système de paiement à la séance n'a pas enthousiasmé les Transalpins, et les partenaires ont perdu 440 millions d'euros dans l'opération ! Sans compter que les petits clubs italiens se sont rebellés lors de la saison 2002/2003 et on contraint à reculer de 15 jours le début des compétitions. Du coup, Stream s'est révélé être un pôle de perte énorme pour Canal +. Quant à la France, la situation financière de Vivendi (qui aura enregistré 13 milliards d'euros de pertes en 2001 !), maison mère de Canal +, et celle de la chaîne cryptée (déficitaire pour la première fois) entraîneront une série de « turbulences », dont l'éviction de PIERRE LESCURE, patron historique de la chaîne cryptée… et du PSG. La réduction des ambitions de Canal + a tout pour faire trembler les patrons du foot français (tout comme ceux de la boxe et du rugby). Alors que l'accord entre la LNF et Canal + ne devait être renouvelé qu'en 2004, la nouvelle donne pourrait précipiter les choses. Mais comme ni TF1, ni M6, ni France Télévision ne sont à même de surenchérir, la LNF ne sera pas en position de force pour renégocier ses tarifs… Déjà, des organisateurs prudents ont la bonne idée de vendre leurs événements par "package". En clair, pour avoir le droit de diffuser ce qu'elle veut, une chaîne doit aussi montrer ce qui n'intéresse plus grand monde. Par exemple, sans trahir un grand secret, le Paris-Dakar (dont le nom a d'ailleurs tendance à changer d'année en année) ne séduit plus la foule, comme aux temps héroïques, lorsque le charismatique THIERRY SABINE en avait fait le plus populaire des rallyes-raids. Mais ASO (*Amaury Sport Organisation*), grand metteur en scène de l'épreuve, organise aussi le Tour de France, diffusé en exclusivité sur France 2. Et, comme par hasard, la 3, l'autre chaîne du service publique, reste toujours fidèle au Dakar…

3. Idées noires et comptes dans le rouge

Aujourd'hui, la télévision et les sportifs ne peuvent plus vivre l'un sans l'autre. Mais les chaînes ne peuvent plus et ne veulent plus suivre le train de vie somptuaire d'une "danseuse" de plus en plus exigeante.

D'autant que le décalage entre les sommes réclamées et les taux d'audience potentiel semble parfois aberrant. Ainsi, Canal +, chaîne du sport auto proclamée, n'a pas voulu mettre de billes dans les Jeux de Sydney. Et il faut bien admettre que, compte tenu du décalage horaire entre la France et l'Australie, il fallait vraiment être un passionné ou un insomniaque pour regarder des finales de kayak à deux heures du matin, ou se lever à quatre heures pour ne rien rater des épreuves d'athlétisme…

Le Mondial de football en Corée et au Japon ne pouvait non plus faire autant recette qu'en 1998, avec des matches qui se déroulaient à 8h30, 10h30 et 13h30, heures de Paris. Certes, pour les matches des Bleus, un fort taux d'absentéisme s'est fait jour dans les entreprises qui n'ont pas pensé à installer un poste dans leur bureau… Mais mobiliser les foules pour voir jouer le Costa Rica, la Suède ou les États-Unis n'a rien d'évident… Par ailleurs, le groupe Kirch, ayant acquis de haute lutte et chèrement les droits de retransmissions auprès de l'agence ISL, a cherché à les rétrocéder au prix fort aux différentes chaînes nationales (KirchMedia a certes fait faillite en avril 2002, mais il a conservé la propriété de ces droits). Si bien que, même en Italie, l'une des patries des fondus de football, la RAI, version transalpine du service publique, a longtemps hésité avant de sortir le chéquier. Et qu'en France, en novembre 2001, TF1 a fini par accepter de payer l'addition, en l'occurrence 168 millions d'euros pour les droits du Mondial 2002 et 24 rencontres du Mondial 2006 (qui se déroulera en Allemagne), mais a très vite dû se mettre en quête de quatre partenaires susceptibles de mettre chacun 2,3 millions d'euros sur la table pour parrainer l'événement. Pour TF1, la Coupe du monde fut d'abord un pari d'audience et publicitaire. En effet, les tarifs publicitaires avaient été annoncés plusieurs mois avant la compétition. Lors de la finale, l'écran coûtait de 220 000 euros les 30 secondes si l'équipe de France était de la partie, à seulement 100 000 euros dans le cas contraire… De quoi devenir les plus farouches des supporters…

Au total, le groupe KirchMedia, aura été déstabilisé en partie par son étonnant pari : rembourser les 11,2 milliards de francs investis dans l'achat des droits des Mondial 2002 et 2006. En Angleterre, ITV et BBC auront versé un écot de 255 millions d'euros pour retransmettre cet événement planétaire. En Amérique du Sud, TV Globo et TV Direct se sont associées pour régler une addition de 940 millions d'euros. En Allemagne, l'ARD et ZDF ont aussi fait caisse commune pour payer les 130 millions d'euros réclamés par leurs compatriotes, et en Espagne Via Digital a dû mettre 130 millions d'euros sur la table. Des sommes si considérables que l'Italie, dingue de foot, a failli être privée de ballon. C'est vraiment in extremis que la RAI a accepté de sauver la patrie en danger, à quatre mois seulement de l'échéance fatidique et cathodique…

Reste que l'audimat est têtu, et les indices qu'il fournit sans équivoque. Comme nous l'avons déjà souligné, les téléspectateurs souffrent d'une overdose de foot, et les ménagères de moins de 50 ans, au bord de l'implosion, ont su imposer une relative tempérance aux athlètes de canapé… Ce qui prouve surtout qu'en cherchant à rentabiliser la plus importante des compétitions continentales, en multipliant les matches, les responsables de l'UEFA (Union Européenne de Football Association) risquent de tuer la poule aux œufs d'or. Le public est toujours capable de se mobiliser, mais plus pour n'importe quelle affiche… Il veut un enjeu qui vaille la peine de réserver sa soirée… Et ce qui est vrai pour le foot, de loin le sport le plus populaire de l'Hexagone, l'est encore plus pour les autres disciplines. Y compris le rugby, dont l'audience est le plus souvent inférieure à celle des émissions de variétés proposées sur les chaînes concurrentes.

Ces chiffres alimentent une polémique entre les "riches" et les "pauvres". Actuellement, la cession des droits de télévision est gérée de manière collective par les fédérations ou par des ligues professionnelles. Dans tous les cas de figure, les recettes sont "socialisées", pour que tout le monde puisse profiter de cette manne. Une part de l'argent perçu va aux clubs amateurs, et l'essentiel de la somme est redistribué de manière équitable entre l'ensemble des équipes pros (même en foot, les performances d'un club ne jouent que dans une très faible mesure sur sa part de gâteau). Un principe que commence bien sûr à contester les "poids lourds" du ballon rond, qui souhaiteraient pouvoir négocier en direct la gestion des droits de leurs rencontres. Dans l'absolu, et sans même préjuger de la qualité du jeu pratiqué, il n'est guère contestable qu'une affiche PSG-OM drainera toujours plus de téléspectateurs qu'un Guingamp-Metz… Il n'y a d'ailleurs qu'à voir le nombre de rencontres diffusées cette année avec les deux premiers clubs cités pour en être persuadé… Mais le ministère de la Jeunesse et des Sports sous la responsabilité de MARIE-GEORGES BUFFET, est toujours resté attaché à une version "égalitaire" de la répartition des droits… Son successeur, le champion olympique JEAN-FRANÇOIS LAMOUR conservant une ligne proche.

En comparaison, la réglementation espagnole permettra au Real et à Barcelone d'empocher environ 380 millions d'euros chacun sur la période 2003-2008… Le fruit d'une réforme opérée en 1996, qui autorise les équipes ibériques à négocier leurs droits TV individuellement.

4. Faudra-t-il payer pour voir ?

Mais un autre genre d'inégalité menace. L'accès gratuit, pour tous, aux retransmissions des grands événements, n'est plus garanti partout. Il faut déjà payer pour voir le championnat de France de foot (sur Canal + et TPS), de rugby (toujours sur Canal +) et de basket (sur Pathé Sport). Mais les matches des "Bleus" risquent-ils aussi de ne plus être diffusés que sur des chaînes à péage ? Sûrement pas dans l'immédiat en tout cas, car la loi l'interdit… Il existe en effet une sorte de "service public du sport"… Le 3 juin 1995, Canal + s'est engagé devant le CSA (Conseil Supérieur de l'Audiovisuel) à ne pas acquérir les droits d'exclusivité pour des événements majeurs, comme le Tour de France, le Tournoi des 5 nations, la finale de la Coupe de France, Roland-Garros, le Championnat d'Europe des nations et la Coupe du monde de football… Et nous ne sommes pas les seuls à nous méfier de cette "privatisation" du sport. En Grande-Bretagne, le *Broadcasting Act* de 1996 protège également 8 grands rendez-vous, dont Wimbledon, la finale de la Cup et le derby d'Epsom.

> *Dans l'immédiat, un texte de la Commission européenne laisse libre chaque État membre de réserver les droits exclusifs « d'événements d'une importance majeure pour la société » à des diffuseurs relevant de sa compétence. En clair, des chaînes de service public…*

Bruxelles a aussi défini quatre grands événements d'intérêt public général au niveau de l'Union : les championnats d'Europe et la Coupe du monde de football, les Jeux d'été et d'hiver… Un arsenal de mesures qui, pour l'instant, limite les dégâts, mais il ne faut pas se leurrer.

La tendance actuelle est, qu'en sport comme ailleurs, il va falloir payer pour voir… Et si, d'aventure, les clubs parviennent un jour à obtenir le droit de négocier eux-mêmes les tarifs de leurs retransmissions, une inégalité entre les équipes s'ajoutera à celle créée entre les téléspectateurs…

En fin de compte, le téléviseur deviendra de plus en plus comme un kiosque, où le consommateur n'aura que l'embarras du choix. À condition de pouvoir payer la facture… Un procédé qui existe d'ailleurs déjà sur le câble et le satellite, avec le système du *"pay per view"*, né aux États-Unis (notamment pour les rencontres de boxe), et développé en France pour le championnat de France de football de D1, avec Multivision Sport et Super Stades. Moyennant 10 euros, vous pouvez regarder le match de votre équipe favorite. Ce principe a aussi été appliqué à la Formule 1. C'est l'une des marottes de BERNIE ECCLESTONE qui a même englouti des millions de francs dans un système de retransmission numérique, qui permettait notamment au téléspectateur de suivre son Grand Prix dans la monoplace de son choix, grâce à des caméras embarquées, et même de changer de monture en cours de route. Canal + a proposé ce service payant aux fans de mécanique, sans trouver assez de clients pour poursuivre l'expérience. Et, récemment, lorsqu'il a été question d'une diffusion exclusive, à moyen terme, de la F1 en *"pay per view"*, MAX MOSLEY, Président de la FIA, a clairement exprimé son refus.

Dans le football, il existe, pour l'instant, un frein à une éventuelle surenchère entre les grosses écuries nationales : le PSG, l'OM, l'OL ou Bordeaux n'ont pas encore la possibilité de se vendre au plus offrant. Ni de diffuser leurs rencontres sur "leur" chaîne (même si OM TV existe déjà). Seul le FC Nantes a osé jouer les francs-tireurs, en diffusant son duel contre Lausanne, en Coupe de l'UEFA… sur son site Internet. Encore faut-il savoir que personne ne détenait les droits sur ce match, et que la qualité technique d'une telle retransmission (dans une "fenêtre" au format timbre-poste), avait de quoi décourager les plus fervents supporters… Mais la technique progresse, et le haut débit va se démocratiser, ce qui pourrait donner des idées aux patrons de clubs. Pour peu que la législation en vigueur s'assouplisse…

5. Les diffuseurs deviennent investisseurs

L'autre tendance marquante du sport télévisuel, c'est l'engagement croissant des diffuseurs dans des disciplines majeures. En France, l'exemple le plus notable est celui de Canal + qui, depuis 1991, est l'actionnaire majoritaire du Paris Saint-Germain, tout en étant la chaîne de référence du football hexagonal (la maison mère des "Guignols" retransmet en effet 74 rencontres de D1 en direct par saison). Un choix que CHARLES BIÉTRY avait même tenté, en son temps, d'affirmer un peu plus, en faisant du PSG, un Real ou un Barça "à la française", les deux géants ibériques étant des clubs omnisports dont les équipes triomphent sur tous les terrains de la péninsule. Résultat : le PSG Boxe a produit des champions du monde (KHALID RAHILOU, JULIEN LORCY), le PSG Basket est devenu champion de France en 1997, et le PSG Judo, emmené par DAVID DOUILLET et dirigé par l'ex-champion olympique THIERRY REY, a remporté le titre de champion d'Europe des clubs. Pourtant, même si les budgets de ces autres sections n'ont rien à voir avec celui d'un club de football professionnel (environ 70 millions d'euros pour le PSG de LAURENT PERPÈRE contre environ 5 millions pour le basket, abandonné il y a deux ans, et 1 à 2 millions pour le handball…), leur faible impact médiatique et la quête d'économies, a conduit le club à fermer ces deux dernières filiales, le judo et le handball, à la fin de la saison 2001-2002.

Moins ambitieuse, en tout cas pour l'instant, la chaîne M6 se contente de détenir des parts dans le club des Girondins de Bordeaux. Et, en rugby, MAX GUAZZINI, patron du Stade Français

CASG, champion de France 1998 et 2000, est aussi celui du groupe NRJ. Quant à TF1, chaîne qui a pour elle une sacrée puissance de feu, un moment pressentie pour soutenir l'OM, ses dirigeants n'ont pas encore osé sauter le pas et franchir la Canebière… Une hésitation plutôt légitime par les temps qui courent !

Mais c'est à l'étranger que l'on retrouve une collusion nettement plus marquée entre les clubs et les groupes de communication, qui n'hésitent plus à miser sur le spectacle sportif. Principalement aux États-Unis, où Disney et la chaîne ABC sont propriétaires de l'équipe de base-ball des Anaheim Angels et de la franchise de hockey des Mighty Ducks, basée dans cette même banlieue de Los Angeles. Le groupe Time-Warner/AOL, celui du milliardaire TED TURNER, installé à Atlanta, gère aussi tous les clubs pros de la capitale géorgienne : les Hawks (basket), les Braves (base-ball) et les Trashers (hockey). Pour ne pas jouer les parents pauvres, ce qui n'est guère son style, le magnat australien RUPERT MURDOCH, patron de News-corp, a investi 350 millions de dollars pour s'offrir la prestigieuse franchise de base-ball des Los Angeles Dodgers, mais a aussi pris des parts à New York, en investissant dans les Rangers (hockey sur glace) et les Knicks (basket). Bien sûr, le danger de tels investissements serait que ces groupes, qui retransmettent aussi des rencontres, ne favorisent "leurs" équipes, ne serait-ce qu'en leur donnant une plus grande visibilité que leurs rivales. C'est d'ailleurs ce dont Canal + a été, à plusieurs reprises, accusé par les patrons de clubs rivaux du PSG.

> *La menace serait que le rôle de juge et partie des groupes investisseurs ne les incite à "guider" la glorieuse incertitude du sport… Une inquiétude qui, pour l'instant, ne se fonde sur aucun cas précis.*

Et la présence de grands groupes de communication dans le sport n'a en soi rien d'étonnant. Les investissements qu'exige désormais ce "business" en plein essor ne sont plus à la portée de la première PME venue. Et, en toute logique, les clubs, dans les disciplines les plus populaires, sont désormais gérés par des industriels. Et pas seulement du monde des médias… Peugeot, par exemple, est engagé dans le foot, avec Sochaux, et dans le rugby, avec Toulouse… Bref, si les amateurs de sport sont de plus en plus nombreux, il faut, même si on peut le déplorer, se faire à l'idée que le sport n'a plus rien d'amateur…

Conclusion

Pendant que ses coéquipiers, ses « collègues », comme il aime tant les appeler, suaient en vain sur les pelouses coréennes et japonaises, à la poursuite d'un ballon aux rebonds capricieux, il était partout. Sauf là où toute la France l'attendait… Écoutant les volcans d'Auvergne en buvant de l'eau minérale, marchant sur l'eau par la seule grâce de son téléphone portable… Mais personne ne le voyait distiller des ouvertures au millimètre pour les attaquants Bleus. Plus fort encore que le nez de CLÉOPÂTRE, la cuisse de ZIDANE, JUPITER du football tombé du Parnasse, changeait la face du monde. Enfin, celle du Mondial… Et aussi le destin des dirigeants et actionnaires de TF1, la première chaîne hertzienne européenne, la meilleure amie de la célèbre "ménagère de moins de 50 ans"… La maison Bouygues avait en effet acquis, auprès du groupe allemand Kirch, les droits de retransmissions en France des rencontres de la Coupe du monde, pour la très coquette somme de 1,2 milliards de francs… Et chaque contre-performance des héros de 1998 créait une tempête boursière, l'action TF1 perdant 4 % puis 3 % après les matches contre le Sénégal et l'Uruguay. Les spécialistes prévoyaient déjà une perte de 9 à 11 millions d'euros pour la chaîne, en cas d'élimination de la France avant les huitièmes de finale. D'autres CASSANDRE évoquaient même le départ forcé d'ÉTIENNE MOUGEOTTE, voire de PATRICK LE LAY, en cas de désastre sportif… Parce que ce n'était pas pour admirer le Japon ou la Suède que tout le monde allait se lever à 8 heures du matin, ou déjeuner devant sa télévision… Bref, le sort d'une société réalisant des milliards de chiffres d'affaires était suspendu à la guérison d'une déchirure musculaire… Ce qui donne une idée des rapports qu'entretiennent désormais les athlètes et le "business". Mais, plus encore que la finance, le sport inquiète les investisseurs, à cause de sa "glorieuse incertitude". À tel point que, lors du récent Mondial, les principaux partenaires des Bleus n'avaient trouvé qu'une seule parade à un éventuel coup dur : une campagne de pub consolatrice, histoire d'anesthésier les douleurs réveillées par la défaite… Quant au drôle de drame vécu par TF1 et ses supporters, il illustre bien l'autre tendance du business du sport. Les droits de retransmissions coûtent de plus en plus cher, pour des scores d'audience de plus en plus aléatoires. Et les chaînes, qui détiennent l'image, c'est-à-dire le pouvoir, ne veulent plus mettre autant d'argent sur les tapis verts… Inévitable contrecoup des probables renégociations de droits à la baisse ; dans les mois à venir, les clubs n'auront pas une manne aussi conséquente qu'auparavant, et ne pourront plus payer aussi cher leurs "danseuses"… Dans le monde du football, celui de toutes les folies, le temps des vaches maigres est d'ailleurs déjà venu. En France, les recrutements de l'OM et de Metz sont contrôlés par les comptables de la DNCG. Et, à l'échelle continentale, les plus grosses écuries européennes, regroupées au sein du G14, envisagent d'établir un "*salary cap*", un plafonnement des salaires sur le modèle américain. Ce qui n'empêche pas les athlètes des ligues pro d'Outre-Atlantique d'être les mieux payés de la planète… Alors que nos champions se rassurent : pour eux, rien n'est perdu !

Définition des sigles

ACEA : Association des Constructeurs Européens d'Automobiles

AFC : *American Football Council*

AFL : *American Football League*

AMA : Agence Mondiale Antidopage

APFA : *American Pro Football Association*

ATP : Association des Tennismen Professionnels

CAF : Confédération Africaine de Football

CIO : Comité International Olympique

CNOSF : Comité National Olympique et Sportif Français

CREDOC : Centre de Recherches et d'Études pour l'Observation des Conditions de vie)

DNCG : Direction Nationale du Contrôle de Gestion

FA : *Football Association*

FFA : Fédération Française d'Athlétisme

FFF: Fédération Française de Football

FFP : la société Football France Promotion

FFR : Fédération Française de Rugby

FFT : Fédération Française de Tennis

FIA : Fédération Internationale Automobile

FIBA : Fédération Internationale de Basket

FIFA : Fédération Internationale de Football Association

IAAF : *International Amateur Athletic Federation*

IBF : *International Boxing Federation*

LNF : Ligue Nationale de Football

LNR : Ligue Nationale de Rugby

NBA : *National Basket-ball Association*

NFL : *National Football League*

NHL : *National Hockey League*

PGA : *Professionnal Golf Association*
PGP : Prost Grand Prix
SAJ : Syndicat des Agents de Joueurs
SASP : Société Anonyme de Sport Professionnel
TAS : Tribunal Arbitral du Sport
TOP : *The Olympic Program*
UCI : Union Cycliste Internationale
UEFA : Union Européenne de Football Association
UNFP : l'Union Nationale des Footballeurs Professionnels
WBA : *World Boxing Association*
WBC : *World Boxing Council*
WBO : *World Boxing Organisation*
WTA : *Women Tennis Association*

Bibliographie

Les 10 livres à retenir

Géopolitique du football, Pascal Boniface, Éditions Complexe, 2002.
Une approche des relations internationales à travers les équipes nationales de football, vue par l'un des spécialistes de la géopolitique.

Economie et gestion du sport, Jean-Paul Minquet, Éditions City & York, 1997.
Le manuel théorique et pratique de l'économie.

Sport et télé, liaisons secrètes, Éric Maitrot, Flammarion.
Un ouvrage bien documenté au ton journalistique sur les relations des chaînes avec le monde du sport.

Le sport français face au sport business, Daniel Watrin, Amphora.
Une approche de la relation du sport à l'économie.

Économie du sport, Wladimir Andreff et Wladimir Nys, PUF, 2001.
Un "Que-sais-je" qui propose une approche universitaire qui fait référence.

Économie politique du sport, Wladimir Andreff, Dalloz-Sirey, 1991.
Un ouvrage collectif sur les liens entre le sport et la politique piloté par un universitaire soviétologue et économiste.

Économie du sport, Bénédicte Halba, Économica, 1997.
Un "poche" qui traite de façon globale et universitaire des questions essentielles de l'économie du sport.

L'économie du sport, Jean-François Bourg et Jean-Jacques Gouguet, La Découverte, 2001.
Une réflexion critique sur les liens entre le sport et le marché et sur les questions d'éthiques que cela peut entraîner.

L'économie du sport, Liliane Bensahel et Jacques Fontanel, PUG, 1991.

Une analyse économique du sport qui pour les auteurs ouvre un champ nouveau pour la compréhension de l'économie de demain.

Les enjeux économiques du sport en Europe, W. Andreff, J.-F. Bourg, B. Halba, J.-F. Nys, Dalloz-Sirey, 1995.

Un ouvrage collectif qui présente une diversité de regard sur l'évolution du sport face à l'emprise du marché.

Index

H-I

H. Bud Selig A. 17
Havelange J. 51
Henry T. 61
Hercule 41
Hewitt L. 39
Holyfield E. 14, 36, 58, 82
Hudson H. 8
Hunt B. 35
Iverson A. 92

J

Jackson C. 93
Jardel 63
Jefferson W. 58
Jenkins A. 76
John E. 78
Johnson M. 12, 35
Jordan H. 21
Jordan M. 37, 38
Jugnot G. 41
Jupiter 123
Juppé A. 66

K

Killy J.-C. 57
King D. 80, 81, 82
Kipketer 93
Kirch L. 113
Knight P. 91
Komen 93
Kournikova A. 39, 95
Kramer J. 21

L

Lama B. 59
Lamarche J.-L. 50
Lamblin P. 48
Lamour J.-F. 70, 117
Lapasset B. 24
Laroche B. 74
Laroche S. 74
Lauda N. 77
Laver R. 57
Lazutina 49
Le Graët N. 66
Le Lay P. 123
Lebœuf 68
Lelouch C. 71
Lenglen S. 20
Leroy 73, 74
Lescure P. 114
Levytsky 73
Lewis L. 27
Lorcy J. 120
Lord Stanley of Preston 18
Louis J. 13
Love J. 15
Lucas G. 26

M

Madiot M. 46
Maffia J. 81
Magic Johnson 12
Marquis de Queensbury 13
Martin P. 31
Mascardi G. 64
Mc Cormack M. 56, 57
Meité 74

www.ingramcontent.com/pod-product-compliance
Lightning Source LLC
Chambersburg PA
CBHW051724090426
42738CB00010B/2078